D1729953

E-Book inside.

Mit folgendem persönlichen Code
können Sie die E-Book-Ausgabe
dieses Buches downloaden.

56018-r65p6-
xbwwv-102ax

Registrieren Sie sich unter
www.hanser-fachbuch.de/ebookinside
und nutzen Sie das E-Book
auf Ihrem Rechner*, Tablet-PC
und E-Book-Reader.

Gatt

Survial-Handbuch Führung

Stefan Gatt

Survival-Handbuch Führung

Aus Extremsitationen für den Berufsalltag lernen

Bibliografische Information der Deutschen Nationalbibliothek

Die Deutsche Nationalbibliothek verzeichnet diese Publikation in der Deutschen Nationalbibliografie; detaillierte bibliografische Daten sind im Internet über <http://dnb.d-nb.de> abrufbar.

© 2016 Carl Hanser Verlag München
www.hanser-fachbuch.de

Lektorat: Lisa Hoffmann-Bäuml
Herstellung und Satz: Thomas Gerhardy
Umschlaggestaltung: Stephan Rönigk
Umschlagfoto: © Stefan Gatt "Markus Stockert und Manfred Werkusch-Klahn klettern an den Lames du Planpraz"
Druck & Bindung: Friedrich Pustet, Regensburg
Printed in Germany

ISBN 978-3-446-44373-0
E-Book-ISBN 978-3-446-44412-6

Am Einstieg

Wenn es aufgeht zu einer Klettertour am Berg, kommt man irgendwann zum Einstieg. Jetzt wird es interessant: Hier beginnen die Herausforderungen und die Freude, diese zu meistern und an ihnen zu wachsen. Beim Einstieg in ein Unternehmen oder in ein Projekt verhält es sich ähnlich. Ich kenne beides – die Herausforderungen am Berg und die in Unternehmen. Deshalb lade ich Sie ein, gemeinsam mit mir auf die Herausforderungen beim Führen zu schauen – meiner Meinung nach eine der spannendsten Tätigkeiten der Welt.

Führungskompetenz ist keine geheimnisvolle Gabe, die man hat – oder eben nicht. Es ist eine Fähigkeit, die Sie lernen können. Eines der wichtigsten Prinzipien dabei ist die Selbstreflexion. Einerseits über die Werte, Einstellungen und Haltungen, die in Ihrem Leben wichtig sind und Sie prägen. Andererseits die Reflexion über Ihre eigene Führungsarbeit. Egal, wo Sie Ihren Fokus setzen, die Erkenntnisse liegen sowohl in den Erfolgen als auch in den Misserfolgen. Es geht nur darum, ehrlich und präzise hinzuschauen. Die Führungstheorie hilft Ihnen dabei, eigene Stärken zu bestätigen und Entwicklungspotenziale zu erkennen. So manchen Fehler im Trial-and-Error-Prozess können Sie durch das Studium der Theorie vermeiden.

Mein Ziel ist es, Sie auf Ihrem Weg zu einer bewussten, effizienten Führungskraft mit diesem Buch zu unterstützen.

Bereits als Jugendlicher war ich mit meinem Vater sehr viel in den Bergen Tirols unterwegs. Eines seiner beruflichen Standbeine war die Organisation und Durchführung von Expeditionen auf die höchsten Berge Südamerikas. Dies ermöglichte mir, ihn im Januar 1990 als Expeditionsleiter während einer siebenwöchigen Reise durch Südamerika zu erleben. Als ich im Sommer desselben Jahres mit 19 Jahren von meinem Vater mit meiner ersten eigenen Expeditionsgruppe nach Bolivien betraut wurde, hatte ich kaum Erfahrung in der Leitung von Gruppen. Intuitiv machte ich vieles richtig, bis ich nach zwei Dritteln der Tour meine Funktion als Leiter für drei Tage gesundheitsbedingt nicht mehr ausüben konnte. In dieser Zeit ging einiges schief und ich lernte dadurch viel über Führung, Motivation und Commitment. Einige Fehler meines Co-Guides konnte ich wieder ausbügeln, mit dem Gesamtergebnis war ich jedoch nicht zufrieden. Meine Bergführerausbildung, mein Studium und das Vertrauen meines Vaters in meine Führungskompetenz ließen mich weitere Expeditionsgruppen auf die höchsten Gipfel der Erde führen. Mein Erfahrungsschatz als Leader erweiterte sich mit jeder Tour durch wertvolle, einprägsame Erlebnisse. In diesen Jahren entstand mein reflektiertes und intuitives Wissen über Führung, Gruppen und Teams unter anderem in Extremsituationen.

Ein weiteres einschneidendes Erlebnis war für mich das Seminar „Persönlichkeitsentwicklung durch Outdooraktivitäten" im Rahmen meines Sportmanagementstudiums. Ich erlebte die Kraft von erlebnisorientierten Übungen und das transformative Potenzial der anschließenden Reflexion auf individueller und auf Gruppenebene. Das Geniale an dieser Methode ist, dass sie durch das Design der Übungen alle relevanten Themen für Teams und Führung abbilden kann. Der Wechsel vom Seminarraum in die Natur erleichtert deren Bearbeitung. Ich spürte und spüre nach wie vor eine große Leidenschaft für diesen Ansatz.

2001 – elf Jahre nach meiner ersten Führungsarbeit am Berg – war ich so weit, mir den höchsten Berg der Welt mit einer Expeditionsgruppe zuzutrauen. In den Jahren davor hatte ich gelernt, meine Ziele hochzustecken, also ging ich aufs Ganze: Ich wollte eine der erfolgreichsten Expeditionen auf den Everest leiten, bei der mindestens die Hälfte der Teilnehmer auf den Gipfel gelangen sollte. Mir persönlich hatte ich das Ziel gesetzt: Besteigung ohne künstlichen Sauerstoff und Sherpa-Hilfe, anschließend Abfahrt vom Gipfel als erster Mensch mit dem Snowboard.

Neben dem Erfolg auf der ganzen Linie hatte diese Expedition aber auch ihre Schattenseiten. Wenn zu viel Energie in die Umsetzung von beruflichen Zielen investiert wird, leidet oft der private Bereich. Die Beziehung zu meiner Frau war in die Schieflage geraten, das erkannte ich nach dieser Tour. Wir suchten uns professionelle Unterstützung durch einen Imago-Paarworkshop. Imago wurde von Harville Hendrix entwickelt und ist ein integrativer Ansatz zur Lösung von Beziehungsproblemen. Diese Methode war und ist für uns als Paar sehr hilfreich. Wir bildeten uns in dieser Richtung fort und unterstützen seit 2008 andere Paare in Seminaren und Workshops, die Beziehung ihrer Träume zu entwickeln und zu leben. 2015 veröffentlichten wir einen Liebesratgeber mit dem Titel Unverschämt glücklich. Wie ich und unsere Liebe in der Liebe erblühen.

Durch die Anwendung der Imago-Theorie wurde mir das Potenzial dieser Methode für die Arbeit als Führungskraft bewusst. Zusammen mit aktuellsten Erkenntnissen aus der Neurobiologie und der Positiven Psychologie entwickelte sich für mich eine neue, wirkungsvolle Art zu führen.

Dieses Buch ist nun die Kombination aus

- der Schilderung meiner Erfahrungen als Führungskraft am Berg und in meiner Arbeit als Coach,
- der Essenz bewährter Führungstheorien,
- den neuesten Erkenntnissen der Neurobiologie, der Imago-Theorie und des Positive Leadership sowie
- Survival-Tipps für Sie zum Anwenden in der täglichen Praxis als Führungskraft.

Mit der Arbeit an diesem Buch beschenkte ich mich selbst. Die bewusste Reflexion meiner Erlebnisse und Erfahrungen in Kombination mit dem exakten Formulieren war für mich herausfordernd, spannend und bereichernd zugleich.

Einen großen Dank möchte ich zuallererst an meine geniale Frau Elisabeth Gatt-Iro richten, die mich während der gesamten Zeit bestmöglich unterstützt, mir den Rücken gestärkt und immer wieder frei gehalten hat. Als Psychologin und Psychotherapeutin hat sie mir mit ihrem Wissen bei vielen Themen tatkräftig zur Seite gestanden.

Durch die Unterstützung beim Schreiben und ihre Fähigkeit, die Dinge auf den Punkt zu bringen, hat Ina Raki maßgeblich dazu beigetragen, dass dieses Buch in so kurzer Zeit entstehen konnte. Vielen Dank dafür, Ina!

Weiterer Dank geht an meine Lektorin vom Hanser Verlag, Lisa Hoffmann-Bäuml. Vielen Dank für Ihre Tipps und dafür, dass Sie an mich und dieses Buch geglaubt haben, auch wenn der Gipfel des Erfolgs manchmal im Nebel verschwunden war.

Und zuletzt einen Dank an Wolfgang. Dadurch, dass unsere Kooperation bei diesem Buchprojekt nicht geklappt hat, hast du mich dabei unterstützt, auf meine Kompetenzen zu vertrauen, diese weiterzuentwickeln und das Buch allein zu schreiben.

Von der Gleichwertigkeit von Frauen und Männern bin ich zutiefst überzeugt. Ich bin mir aber zugleich bewusst, dass ich dieses Buch zu 90 Prozent für Männer schreibe, weil ich als Mann vor allem Männer anspreche und die meisten Führungskräfte leider immer noch Männer sind. Ich hoffe, dass diejenigen Frauen, die dieses Buch lesen, mir die ausschließliche Verwendung der männlichen Form verzeihen und sich trotzdem angesprochen fühlen können.

Viel Freude beim Lesen und Ausprobieren neuer Erkenntnisse sowie beim täglichen Abenteuer: Ihrer Tätigkeit als Führungskraft.

Ihr *Stefan Gatt*

Inhalt

1 Den Gipfel vor dem inneren Auge – wieso eine klare Vision so wichtig ist

Die Realisierung von großen Zielen und Visionen ist möglich – am Gipfel des Mount Everest (© Foto: Theo Fritsche).

Stellen Sie sich vor, Sie möchten eine Bergtour machen. Womit beginnt das Ganze bei Ihnen? Ich behaupte jetzt ganz frech: mit einem Bild – von einem Gipfel, einem schönen Gebirgssee, in dem Sie baden, einer Almwiese mit einem Picknick, einer zünftigen Jause auf einer Hütte, einem lustigen Gruppenfoto vor einem Gipfelkreuz. Egal welches Bild auftaucht, es ist auf jeden Fall eines, das Emotionen in Ihnen weckt.

Für mich beginnen viele Projekte mit einem Traum, einem Bild und einem Gefühl, also meist mit einer Vision von etwas Wunderbarem. Bilder tauchen in mir auf, die je nach Lebensbereich unterschiedlich sind. Wenn ich an eine bergsteigerische Vision denke, dann kann es sein, dass zuerst die Bilder von Felsformationen vor meinem inneren Auge auf- tauchen oder dass ich bestimmte Menschen vor mir sehe, etwa meine Frau oder Freunde, mit denen ich gern unterwegs bin, ob im strahlenden Sonnenschein oder auch im Sturm. Ich sehe ein Picknick auf einer Almwiese, spielende Kinder. Oder meine Weggefährten und mich, auf dem Berggipfel angekommen – erschöpft und glücklich.

Bei mir fängt also alles mit der Vision an.

 Wie meine Vision vom Aufstieg auf den Everest geboren wurde

Da steht er. Ein dick vermummter Tenzing Norgay auf dem Mount Everest. Auf dem höchsten Gipfel der Erde, 8.848 Meter über dem Meeresspiegel. In der rechten Hand hält er einen Eispickel, die kleinen Flaggen daran flattern im eisigen Wind. Blauer Himmel rundum.

Ich bin acht Jahre alt, als ich dieses Bild des berühmten Sherpas in mei- nem Sachkundebuch zum ersten Mal sehe. Die Berge sind mir als Tiroler Bub vertraut. Ich war dort schon oft wandern. Schon als Kind hat mich mein Vater ein paarmal zum Klettern mitgenommen. Meine erste hoch- alpine Skitour aufs Wilde Hinterbergl in den Stubaier Alpen erlebe ich als Achtjähriger. Im selben Jahr besteige ich meinen ersten Dreitausender, das 3.507 Meter hohe Zuckerhütl.

Und dennoch entfacht dieses Foto von Tenzing Norgay auf dem Mount Everest in mir eine vorher nicht gekannte Begeisterung.

Einmal selbst da oben stehen! Auf dem Dach der Welt! Wie das wohl wäre?

Etwa zu jener Zeit plant mein Vater seine zweite Expedition nach Peru. Die Expeditionskisten für diese Reise lagern in unserem Haus, nähren meine Fantasie, meine Begeisterung, meinen Traum.

Einen Traum, den ich mir gut zwei Jahrzehnte später tatsächlich erfüllen soll.

Bis er Realität wurde, habe ich mich immer wieder an meine persönlichen Grenzen herangetastet, habe sie kontinuierlich erweitert und bin dabei auch oft auf die Nase gefallen. Ich habe viele Entscheidungen getroffen, bin Risiken eingegangen, habe Strategien festgelegt und diese mit ent- sprechenden Maßnahmen umgesetzt. Ich habe meine eigene Leistungsfä- higkeit stets aufs Neue kritisch eingeschätzt, hinterfragt und erprobt.

> Während all dieser Jahre war die „big vision" – ich am Gipfel des Mount Everest – ein zuverlässiger Treibstoff. Auch wenn mir das die meiste Zeit gar nicht bewusst war.
>
> ■

■ 1.1 Visionen und Ziele – die Basis für den Erfolg

Vision und Ziel unterscheiden sich voneinander: Unter einer Vision versteht man die bildhafte, umfassende Vorstellung von einem Ziel. Ein Bild, das Gefühle auslöst. Eines, das nicht nur den kalkulierenden Rechner, den überlegten Manager in uns anspricht. Sondern den Menschen ganz und gar – mit dem Geist und mit dem Herzen. Eine Vision ist auch ein fernes Bild, das noch nicht in allen Details erkennbar ist. Ein Ziel dagegen lässt sich rational beschreiben, in Fakten, Zahlen, Ortsangaben: Was soll bis wann erreicht sein?

Wenn in Unternehmen von Visionen die Rede ist, geht es meist um ein Paket aus mehreren strategischen und kalkulatorischen Zielen, etwa um eine bestimmte Außenwirkung, die das Unternehmen anstrebt, oder um eine Richtung, in die es steuern möchte.

Im alltäglichen Sprachgebrauch werden die Begriffe „Vision" und „Ziel" häufig miteinander vermengt. Ich selbst sehe einen fließenden Übergang zwischen Zielen und Visionen. Eine Vision empfinde ich dabei als deutlich umfassender als ein Ziel. Und oft geht ihr ein Traum voraus, welcher noch unbestimmter und nebulöser ist und erst durch das Entstehen eines Bildes greifbarer wird.

Um ein Beispiel zu bringen: Mein Ziel waren der Aufstieg auf den Gipfel des Mount Everest und die Abfahrt mit dem Snowboard. Die Vision vorher aber, mein eigentlicher „Antreiber", war das Bild, das sich beim Gedanken an dieses Ziel vor meinem inneren Auge aufbaute:

Ich auf dem Gipfel.

Strahlendes Blau rundum.

Geschafft.

Ich bin da.

Ich lege eine neue Spur mit meiner Snowboardabfahrt.

Ich schaffe dadurch etwas, was noch nie jemand vor mir getan hat.

Diese Vision gab mir eine Richtung. Dadurch entwickelte ich mich als Bergsteiger und Kletterer weiter. Ich schloss die staatliche Ausbildung zum Berg- und Skiführer Anfang der 1990er ab, führte zehn Expeditionen in Südamerika, um dann 1996 erstmals auf einem Achttausender zu stehen. 1999 machte ich die Abfahrt mit meinem Brett vom Cho Oyu – ich hatte wissen wollen, ob ich auch auf einer Höhe von mehr als 8.000

Metern meiner Leidenschaft frönen konnte. Nach dem ersten Achttausender entwickelte sich zwischen 1996 und 1998 aus dem anfänglichen Traum eine Vision: Ich wollte eine Expedition nach Tibet organisieren, mit dem Ziel, dass möglichst viele Teilnehmer den Mount Everest besteigen und mir die Snowboardabfahrt gelingt.

Zwischen Weihnachten 1998 und Sommer 1999 konkretisierte sich die Vision immer weiter: Ich schrieb zusammen mit meinem Vater zwei Expeditionsgruppen aus, wobei wir planten, zuerst die Akklimatisierung im Nyanchen-Thanglha-Gebirge zu absolvieren, einem kaum bekannten Berggebiet mit mehreren Siebentausendern. Anschließend wollten wir dem höchsten Gipfel dieser Erde einen Besuch abstatten. Das Ganze wurde immer konkreter: interessante Expeditionsgruppe in ein unbekanntes Berggebiet im Nordwesten von Lhasa, tibetische Bauern, die uns beim Transport unterstützen, Zelte, Yaks ... Aufbruch ins Unbekannte. Vielleicht sogar ganz neue Spuren legen auf einen noch nie bestiegenen Siebentausender – einem wunderschön geschwungenen Grat hinauf zum Gipfel folgend. Gewaltige Bergszenerien. Danach zum höchsten Berg – auf verschneiten Hängen herabgleiten, die erste Spur ziehen ...

Ab dem Sommer 1999 leiteten wir aus dieser Vision etliche Ziele ab. Meine fünf wichtigsten für die zweite Expedition waren:

1. Alle Teilnehmer der Expedition erreichen bis zum Abend des 25. Mai 2001 wieder gesund das Basislager.
2. Möglichst viele Expeditionsteilnehmer gelangen im Zuge der Expedition auf den Gipfel.
3. Ich selbst stehe bis zum 24. Mai 2001 auf dem Gipfel.
4. Ich bewerkstellige die Besteigung ohne künstlichen Sauerstoff und ohne Sherpa-Hilfe.
5. Ich fahre mit dem Snowboard ab und setze damit einen Meilenstein – denn das ist etwas, das noch niemand vor mir geschafft hat.

Die meisten Führungskräfte, Unternehmensberater und Profis in Sachen Führung sind sich heute darüber einig, dass es sinnvoll und entscheidend ist, beim Start eines Projekts oder eines Unternehmens klare Ziele zu definieren. Wie wichtig Visionen dabei sind, darüber gehen die Meinungen noch auseinander – manche finden sie essenziell, andere halten sie lediglich für einen Aspekt von vielen.

Ich halte Visionen für unentbehrlich, da sie mit unseren Gefühlen, Sehnsüchten und tiefsten Wünschen verbunden sind. Denken Sie nur an die Vision von Steve Jobs und Steve Wozniak im Jahre 1976, einen Computer für jedermann zu entwickeln. Ein paar Jahre später kam der erste Macintosh-Computer auf den Markt. Ich rate Ihnen unbedingt dazu, Visionen zu Ihren Zielen zu entwickeln. Leidenschaftliche, begeisternde, anschauliche Visionen, die Sie auch Mitarbeitern so vermitteln können, dass diese mit Ihnen an einem Strang ziehen und motiviert sind, Durststrecken gemeinsam durchzustehen (siehe auch Kapitel 4).

■ 1.2 Wohin leidenschaftliche Visionen Sie bringen können

„Wenn du ein Schiff bauen willst, dann rufe nicht die Menschen zusammen, um Holz zu sammeln, Aufgaben zu verteilen und die Arbeit einzuteilen, sondern lehre sie die Sehnsucht nach dem großen, weiten Meer" (Antoine de Saint-Exupéry, 1900–1944, französischer Flieger und Schriftsteller).

Starke Visionen können Unglaubliches in Menschen mobilisieren. Am Berg hält jemand, der körperlich schon am Ende ist, noch drei Stunden Weg durchs Geröllfeld durch und schafft es, immer weiterzugehen, angetrieben von dem Bild, das er in sich trägt. Da rappeln sich Menschen auch nach einem Sturz wieder auf und gehen weiter. Kämpfen sich durch unwegsames Gelände und schlechtes Wetter. Immer angeleitet von dem Gefühl, das ihre Vision in ihnen auslöst.

Wenn Sie als Führungskraft wissen, wohin Sie wollen, wenn Sie dieses Ziel visualisieren und für sich selbst und Ihre Mitarbeiter in ein begeisterndes, starkes Bild packen können, haben Sie die Basis für den Erfolg gelegt. Führungskräfte müssen energetisierend wirken. Und das gelingt ihnen nur, wenn sie authentisch sind und mit Herz und Verstand hinter ihren Träumen stehen (vgl. dazu Cameron 2012).

Sie werden in diesem Buch einige Beispiele finden, die zeigen, wie es mir selbst und anderen gelungen ist, Menschen mit einer Vision zu begeistern. All diese Erfahrungen zeigen, dass der Motor unserer Entwicklung, die Kraft für Veränderung und die Motivation zum Durchhalten immer mit großen, positiven Emotionen verbunden sind. Wir Menschen entwickeln und verändern uns nur, wenn wir etwas fühlen, nicht, weil uns jemand erklärt, dass Veränderung jetzt gut wäre.

Ob Wirtschaft, Politik, Gesellschaft – immer haben Menschen die Welt verändert, die starke Visionen hatten: Thomas Alva Edison, Henry Ford, Steve Jobs, Mutter Teresa … Martin Luther King brachte die Kraft einer Vision auf den Punkt in seinem Ausspruch: „I have a dream."

Carl und Bertha Benz träumten von Kutschen, die ohne Pferde fahren können – das Auto wurde erfunden. Henry Fords Vision war es, dass jeder Arbeiter sich ein Auto leisten kann – er führte die Massenproduktion ein. Bill Gates sah in einer Zeit, als die Großrechner noch Räume füllten, bereits in jedem Haushalt einen Computer stehen. Bob Hunter, der Gründer von Greenpeace, prägte den Begriff des „Regenbogenkriegers" für Menschen, die ihre Umwelt und letztendlich die Welt insgesamt vor Zerstörung schützen. Anita Roddick, Gründerin des Body Shop, kämpfte für eine Welt ohne Tierversuche. Der amerikanische Präsident Theodore Roosevelt setzte seine Liebe zur Natur durch die Gründung von Nationalparks in den USA um. Sheryl Sandberg, US-amerikanische Businessfrau (unter anderem seit 2008 Geschäftsführerin bei Facebook), verfolgt beharrlich ihre Vision tatsächlich gelebter Gleichberechtigung zwischen Frauen und Männern im Beruf.

All diese Menschen verfolgten oder verfolgen nicht einfach nur bestimmte Ziele, sondern sie folgen ihrer Vision von einer veränderten Welt. Einer neuen, einer besseren Welt, die man bildhaft vor sich sehen kann. Nur mit einer leidenschaftlichen Vision können große Ziele erreicht werden. Denn beim Definieren eines Zieles geht es lediglich um die rationalen Eckpunkte. Die Aufgabe einer Vision aber ist es, Sie auch auf zähen, kräftezehrenden Streckenabschnitten wieder anzufeuern, mit Kraft und Mut aufzutanken, Kräfte in Ihnen zu mobilisieren, von denen Sie bis dahin nichts ahnten, Sie zum Durchhalten zu befähigen, um Ihre Vision wahr werden zu sehen.

Scheuen Sie sich deshalb nicht vor großen Bildern. Und scheuen Sie sich auch nicht davor, sich leuchtende Vorbilder zu suchen, die Sie inspirieren. Menschen, die von Visionen und Ideen beseelt sind und diese auch tatkräftig umsetzen. Das können berühmte Unternehmer sein, über die Sie lesen oder Reportagen sehen. Vielleicht – und das ist oft noch bereichernder – ist es auch ein Mensch in Ihrem persönlichen Umfeld, der ähnliche Ziele und Ideen wie Sie selbst hat.

Lernen Sie von Ihren Vorbildern. Adaptieren Sie ruhigen Gewissens auch Vorgehensweisen und Schritte, wenn sich das für Sie authentisch anfühlt. Je mehr Sie selbst in Ihre Rolle als Führungskraft hineinwachsen, umso wahrscheinlicher werden Sie selbst für andere Menschen – Ihre Mitarbeiter – eine Vorbildfunktion einnehmen.

Ich selbst habe mich als junger Bergsteiger stark an meinem Vater und an dessen Visionen orientiert. Er war mein Vorbild, seine Rolle hat mir Orientierung gegeben.

■ 1.3 Eigene Ziele definieren – individuelle Visionen kreieren

Beim Extrembergsteigen ein grandioses Ziel zu finden und eine einzigartige Vision dazu zu entwickeln, scheint einfach zu sein: Die Auseinandersetzung mit der Natur beflügelt die Fantasie der meisten Menschen. Doch auch in anderen Lebensbereichen gelingt es, kraftvolle Bilder zu entwickeln: Zum Beispiel die Vision von einer weltweiten Kommunikation – die den ursprünglichen Ideen zum Internet zugrunde liegen – oder der Traum, Menschenleben zu retten, aus dem in den frühen 1970ern in der BRD die Definition einer bundesweit einheitlichen Notrufnummer erwuchs (Purps-Pardigol 2015).

Eine eigene Vision zu kreieren gelingt am besten, wenn Sie sich selbst gut kennen. Nur so können Sie passende Ziele und Visionen finden – und diese dann auch klar und überzeugend umsetzen.

Dafür sind folgende Schritte nötig:

- **Erkennen Sie sich selbst.** Ihre Bedürfnisse, Ihre Wünsche, Ihre Stärken und Schwächen. Vorlieben und Abneigungen. Erkennen Sie, was Sie antreibt – und was Sie hemmt. Es gibt zahlreiche Möglichkeiten, den eigenen Motiven und Antreibern auf die Spur zu kommen.

- **Malen Sie eine bildgewaltige Vision, die Sie begeistert.** Diese muss Sie vor allem mit starken, positiven Gefühlen erfüllen, die Sie auch dann zum Weitermachen anfeuern, wenn der Weg mal steiniger wird.
- **Definieren Sie ein individuelles Ziel, das Ihnen entspricht.** Erkennen Sie, welches konkrete Ziel hinter Ihrer Vision steht. Klopfen Sie dieses Ziel daraufhin ab, ob es tatsächlich SMART ist (siehe Abschnitt 1.3.3).

1.3.1 Erkennen Sie sich selbst

Es gibt verschiedene Werkzeuge und Maßnahmen, sich selbst zu analysieren, so zum Beispiel den Test der Karriereanker nach Edgar H. Schein (1998).

Hierbei werden individuelle Talente, Fähigkeiten, Werte und die eigene Motivation analysiert – als die Aspekte, die karriereorientierte Entscheidungen eines Menschen beeinflussen. Edgar H. Schein hat auf dieser Basis einen Fragebogen entwickelt, der Ihnen hilft, herauszufinden, wofür Sie brennen. Sie setzen sich mit Ihren wichtigsten Lebensinteressen, möglichen Visionen und eigenen Vorstellungen von Ihrer Zukunft sowie der Vergangenheit auseinander. Ihre Antworten helfen Ihnen zu erkennen, in welche Richtung Ihr weiterer Weg führen kann und soll. Wenn Sie sich Ihrer Talente, Wertvorstellungen und Motive bewusst sind, können Sie konkret mit ihnen arbeiten.

Eine weitere Möglichkeit bietet der Charakterstärkentest, der von Willibald Ruch entwickelt wurde.

 www.charakterstaerken.org

Sie können sich auf der Website anmelden und dort verschiedene Tests beantworten. Die Ergebnisse zeigen Ihnen, wo Ihre persönlichen Stärken liegen. Kreativität, Enthusiasmus und Fairness sind einige der eingeschätzten Eigenschaften. Es gibt insgesamt 24 Charakterstärken. Unter diesen kristallisieren sich im Test für die meisten Menschen drei bis sieben Signaturstärken heraus, also Eigenschaften, die sich als besonders bestimmend zeigen. Welche das bei Ihnen sind, können Sie mithilfe des Charakterstärkentests herausfinden. Gehört Kreativität zu Ihren Signaturstärken, dann gelingt es Ihnen wahrscheinlich besonders gut, neue und effektive Wege zu finden, um Ideen zu entwickeln und Dinge zu tun. Wenn das kritische Denken bei Ihnen sehr stark ausgeprägt ist, bedeutet das, dass Sie Situationen und Erlebnisse von allen Seiten betrachten, keine voreiligen Schlüsse ziehen – und auch in der Lage sind, Ihre Meinung zu ändern, wenn es gute Gründe dafür gibt. Gehört Neugier zu Ihren Signaturstärken, interessieren Sie sich stark für Ihre Umwelt, finden Dinge und Themen faszinierend, erkunden und entdecken gern etwas.

Nachdem Sie mit diesem Test Ihre Charakterstärken analysiert haben, geht es darum, diese immer weiterzuentwickeln, indem Sie sie häufiger und auf neue Art und Weise einsetzen. Probieren Sie auf der Suche nach Ihren Stärken ruhig einige Möglichkeiten aus und bleiben Sie kreativ in Sachen Selbsterkenntnis – vielleicht haben Sie bereits andere Werkzeuge und Modelle kennengelernt, die Ihnen helfen, sich selbst zu analysieren. Nutzen Sie die, die Ihnen am besten entsprechen. Also: Welche Stärken haben Sie? Wie können Sie diese gezielt einsetzen?

1.3.2 Kreieren Sie Ihre persönliche Vision

Auf der Basis eines definierten Selbstbildes können Sie Ihre individuellen Kraftgeber und inneren Antreiber finden. Wahrscheinlich brauchen Sie dafür etwas Zeit und die richtige Situation, ob allein oder mit anderen. Ich selbst kann neue Visionen besonders gut entwickeln, wenn ich ganz allein unterwegs bin. Eine andere Möglichkeit bietet eine professionell angeleitete „Vision Quest" – ohne Kontakt zur Außenwelt, ohne Nahrung, ganz auf sich selbst fokussiert: So beschäftige ich mich dann nur mit mir selbst und dem, was in mir steckt.

Probieren Sie deshalb aus, ob Sie ebenfalls am liebsten allein nach Ihren Visionen fahnden, ob Sie sich von einem persönlichen Coach dabei unterstützen lassen oder ob eine Art Brainstorming mit vertrauten Menschen Ihr Weg ist. Testen Sie, ob Sie diese Vision in irgendeiner Form visualisieren oder sich etwas aufschreiben möchten, was dieses Bild für Sie festhält, manifestiert (eine Übung dazu finden Sie nachstehend). Finden Sie Ihren eigenen Weg, Ihre eigene Methode, Ihre Vision für sich selbst greifbar zu machen.

Ihr Zukunftsbild

Bevor Sie mit Ihrer Visionsarbeit beginnen, halten Sie kurz inne – und erinnern Sie sich an Situationen in Ihrem bisherigen Berufsleben, die unter verschiedenen Gesichtspunkten außergewöhnlich positiv für Sie waren. Erinnern Sie sich an alle Details, genießen Sie alle positiven Gefühle, die Sie dabei empfinden. Nutzen Sie alle Ihre Sinne, um diese positiven Begebenheiten innerlich nochmals zu erleben. Schwingen Sie sich richtig in die guten Gefühle ein, genießen Sie die Erinnerung so intensiv wie möglich.

Nehmen Sie sich in den nächsten Tagen immer wieder einmal Zeit, um über die folgenden Fragen und Impulse nachzudenken. Am besten geben Sie Ihren Gedanken und Gefühlen in schriftlicher Form Ausdruck.

Stellen Sie sich vor, wo Sie in etwa drei oder fünf Jahren stehen möchten. Gehen Sie dabei davon aus, dass in Ihrem beruflichen Leben bis dahin alles so gut gelaufen ist wie nur irgend möglich. Sie haben hart gearbeitet und alle Ihre Ziele verwirklicht. Stellen Sie sich vor, wo und wie Sie sind, wenn alle Ihre momentanen Träume wahr werden. Stellen Sie sich Ihre Zukunft immer detaillierter vor ...

Nun beantworten Sie bitte folgende Fragen zu Ihrer zukünftigen Situation:

- Wie und wo arbeiten Sie?
- Wie sieht Ihre berufliche Situation aus?
- Wie gestaltet sich Ihre finanzielle Situation?
- Wie fühlen Sie sich?
- Was tun Sie?
- Wie steht es um Ihre Gesundheit?
- Welche guten Gefühle begleiten Sie?
- Welche Eigenschaften und Fähigkeiten haben Sie entwickelt, wie sind Sie gewachsen?
- Wie geht es Ihnen mit Ihrer Partnerin oder Ihrem Partner, den Kindern, der Familie ...?
- Wie geht es Ihnen mit Freunden? Welcher Filmausschnitt, welches Lied, Bild oder andere Symbol beschreibt diese Idee von der Zukunft treffend für Sie?
- Welche Gefühle löst dieser Filmausschnitt, das Lied, das Bild in Ihnen aus?

Erinnern Sie sich immer wieder daran: Es geht um die Ausschöpfung Ihres vollen Potenzials! Darum, dass alle Ihre momentanen Träume wahr werden und dass alles aufgrund Ihrer Arbeit und der guten Umstände sich bestmöglich entwickelt hat. Versuchen Sie, sich das alles immer detaillierter vorzustellen. Schwelgen Sie in den guten Gefühlen, die dabei auftauchen. Kosten Sie es aus, sich Ihre Vision immer genauer vorzustellen und sie immer intensiver zu spüren. Finden Sie gegebenenfalls ein oder mehrere Symbole oder Fotos dafür.

Was könnte eine sinnvolle Vision für Sie als Führungskraft sein? Vielleicht das Bild, wie Sie in einem Meeting Ihre Vorgesetzten von einer neuen Produktidee überzeugen? Oder die Vorstellung davon, wie Sie nach Abschluss eines gelungenen Projekts von Ihren Vorgesetzten wertgeschätzt werden. Oder das Gefühl, ein Team – Ihr Team – zusammengestellt, motiviert und zum Erfolg geführt zu haben? Dafür könnte das Bild stehen, wie Sie mit diesem Team am Jahresende auf die gemeinsamen Erfolge zurückblicken und neue Pläne schmieden.

Integrieren Sie in Ihre Visionsarbeit immer auch Ihre gesundheitliche und familiäre Situation, weil diese Aspekte wichtige Säulen für die Qualität Ihrer Führungsarbeit sind.

Nehmen Sie sich so viel Zeit, wie Sie benötigen, um Ihr persönliches Bild zu kreieren, um sich Ihre Vision auszumalen. Ob Ihre Vision für Sie funktioniert, können Sie einfach überprüfen: Was fühlen Sie beim Gedanken daran? Begeisterung, Freude, Enthusiasmus, tiefes Vertrauen in Ihre Idee? Falls das nicht so ist, suchen Sie weiter nach Ihrer Vision. Denn sich selbst und auch Ihr Team können Sie nur dann vollständig begeistern, wenn Sie für Ihr Thema brennen und die Sicherheit in sich spüren, Ihr Ziel erreichen zu können.

(Vgl. Fredrickson 2011)

1.3.3 Definieren Sie Ihr eigenes Ziel

Der nächste Schritt: Finden Sie das Ziel, das Ihre Vision real werden lässt. Dabei darf Ihr Ziel hochgesteckt sein – gleichzeitig sollten Sie daran glauben können, es zu erreichen. Es gilt also, genau auf dem schmalen Grat zwischen dem zu bleiben, was Sie mühelos erreichen können, und dem, was Sie sich bisher noch nie zugetraut haben. Wenn Sie also bereits eine Projektleitung innehaben, wäre ein geeignetes Ziel, die Führung eines kleinen Teams anzustreben. Eine Firma zu übernehmen, wäre dagegen offensichtlich unrealistisch.

Hilfreich bei der Definition von umsetzbaren Zielen ist die SMART-Regel (Doran 1981). Das Akronym SMART bringt auf den Punkt, was erreichbare und sinnvolle Ziele ausmacht: Sie sollen spezifisch, machbar, annehmbar, realistisch und terminiert sein.

SMART – was bedeutet das?

- *S – spezifisch*: Hiermit ist gemeint, dass Ihr Ziel so genau wie möglich in allen Details definiert sein soll, dass es nicht schwammig und ungefähr bleiben darf.

- *M – messbar:* Auch hier ist wieder gefragt, dass Ihre Ziele konkret formuliert und nachprüfbar sind. Definieren Sie konkrete Streckenabschnitte, die Sie erreichen möchten.

- *A – annehmbar*: Formulieren Sie Ihre Ziele so, dass sie für alle Beteiligten akzeptabel, annehmbar und auch attraktiv sind.

- *R – realistisch*: Ziele sollen herausfordernd und zugleich auch realistisch sein. Denn Sie können nur dann erfolgreich an Ihrem Ziel festhalten, wenn es tatsächlich erreichbar ist. Allzu hochgesteckte Ziele erzeugen anfänglich Hoffnungslosigkeit, im zweiten Schritt eine sich selbst erfüllende Prophezeiung, dass sie sowieso nicht erreichbar sind, und damit am Schluss Frustration.

- *T – terminiert*: Deadlines und Termine sind nötig, damit ein Ziel kontrollierbar bleibt.

Welches Ziel definieren Sie für sich? Und ist es tatsächlich SMART? Prüfen Sie das gleich!

Konzentrieren Sie sich auf Ihre Vision und überlegen Sie sich, welches Ziel dafür steht: Was müssen Sie ganz konkret erreichen, damit Ihre Vision Realität wird (Bild 1.1)?

Bild 1.1 Aus Träumen entstehen Visionen, denen konkrete Ziele zugeordnet werden. Danach gilt es, die Maßnahmen zu definieren, die den Weg zum Ziel ebnen.

1.3.4 Mit vorgegebenen Zielen umgehen

Bis hierher sind wir davon ausgegangen, dass Sie selbst die Möglichkeit haben, Ihre Visionen und entsprechende Ziele zu entwickeln. Für die meisten Selbständigen und Gründer trifft das zu. Was aber, wenn Sie Führungskraft innerhalb eines Unternehmens sind und „von oben" Ziele vorgegeben bekommen?

In diesem Fall sind Sie herausgefordert, diese Ziele in Visionen zu kleiden, die Ihnen entsprechen. Denn selbst wenn die vorgegebenen Ziele SMART und rational nachvollziehbar sind, brauchen Sie das Feuer leidenschaftlicher Visionen, um sie zu erreichen. Auch wenn wir dazu neigen, uns einzureden, mit ausreichend Druck würde schon alles erreichbar sein – tatsächlich wissen wir es besser. Es war während der Schulzeit schon so und es ist im Erwachsenenleben nicht anders: Druck erzeugt vor allem Widerstand, aber allzu oft kein Ergebnis.

Sie kennen das auch aus dem privaten Bereich: Ob Neujahrsvorhaben oder Arztanweisung – sich gesund zu ernähren, mehr zu bewegen sowie Alkohol und Zigaretten zu meiden, sind plausible und vernünftige Ziele. Solange aber keine positiven Gefühle im Spiel sind, keine Vision, keine Leidenschaft, werden Sie sich vergeblich abstrampeln, um diese vernünftigen Ziele zu erreichen.

Erst wenn Sie es schaffen, ein Bild zu kreieren – Sie im nächsten Urlaub, leichtfüßig den Berg erklimmend oder wendig im Meer schwimmend –, haben Sie eine Chance, Ihre Gewohnheiten dauerhaft umzustellen.

Gewohnheiten – das ist überhaupt ein wichtiges Stichwort: Vergessen Sie bitte nicht, dass der Weg zum Ziel mit nötigen Veränderungen gepflastert ist. Sie werden immer wieder Bekanntes aufgeben und Neues einüben müssen. Die Energie, die dafür nötig ist (und das ist eine ganze Menge!), schenkt Ihnen Ihre Vision.

■ 1.4 Das ist außerdem wichtig auf dem Weg zum Ziel

Sie kennen es aus Ihrem Berufsalltag: Unter dem Begriff „Tagesgeschäft" zwingt eine Ansammlung von Stolpersteinen und Hindernissen aller Art Sie immer wieder dazu, Zeit zu investieren und sich mit Themen zu beschäftigen, die mit dem großen Ziel, der Vision, der Sie entgegenstreben, nur peripher oder gar nichts zu tun haben. Das ist völlig normal. Hier gilt wie am Berg auch: Nicht immer kann der direkte Weg zum Ziel genommen werden, manche Umwege sind unvermeidbar und auch sinnvoll.

Wenn Sie jedoch das Gefühl bekommen, sich immer weiter vom eigentlichen Ziel zu entfernen, gar nicht voranzukommen, sondern sich nur am Alltäglichen abzuarbeiten, läuft etwas falsch. Wichtig ist, dass Ihnen als Führungskraft Ihre Prioritäten immer präsent bleiben. Wo wollen Sie hin – und was müssen Sie tun, um dahin zu kommen? Welche Maßnahmen haben Sie dafür geplant (siehe Bild 1.1) – welche davon bereits umgesetzt? Welche haben sich als sinnvoll erwiesen? Und gibt es andere, die optimiert oder ersetzt werden können?

Diese regelmäßige Reflexion bedeutet nicht, dass Sie sich selbst, Ihren Weg, Ihr Ziel oder Ihre Vision permanent infrage stellen. Das wäre fatal: Wenn ich auf einem schwierigen Streckenabschnitt kämpfe oder in einer großen Wand klettere, nimmt mir Zweifeln und Zaudern (Werde ich es schaffen? Hätte es auf einem anderen Weg besser geklappt? Habe ich mir doch zu viel vorgenommen?) die nötige Energie, mein Ziel zu erreichen. Ich muss vorher durchdacht haben, ob mein Ziel infrage kommt, sicher sein in meiner Entscheidung – gegenüber mir selbst und gegenüber meinem Team. Genauso funktioniert es bei Ihnen als Führungskraft: Entscheiden Sie vorher, ob und wie Sie sich den Herausforderungen eines Führungsjobs stellen – und dann nehmen Sie Ihre Aufgabe in Angriff. Dazu brauchen Sie regelmäßig bewusste Auszeiten zwischendurch, um sich mit Ihrer Vision, Ihrem Ziel und Ihrem Weg zu beschäftigen. Setzen Sie sich einen Termin – vielleicht einmal wöchentlich –, bei dem Sie für sich selbst Revue passieren lassen, ob Sie in der vergangenen Woche Ihrem Ziel tatsächlich näher gekommen sind, ob Ihre Vision ein kleines bisschen greifbarer geworden ist. Falls nicht: War der Umweg nötig? Oder hätten Sie die dringenden Aufgaben auch delegieren können, statt die wichtigen dafür liegen zu lassen? Lernen Sie, Prioritäten zu setzen.

Sinnvolle Überlegungen bei einer solchen Reflexion und Analyse sind die folgenden:

- **Betrachten Sie immer wieder den Weg, der vor Ihnen liegt**: Auf welche Widerstände und Herausforderungen werden Sie voraussichtlich stoßen?
- **Analysieren Sie die Umgebung**: Stehen Ihre Ziele im Einklang mit den Erwartungen Ihres persönlichen Umfeldes?
- **Schätzen Sie Ihre Voraussetzungen realistisch ein**: Welche Eigenschaften und Fähigkeiten bringen Sie und Ihr Team mit? Welche fehlen Ihnen noch?
- **Sondieren Sie Entwicklungsmöglichkeiten**: Wie und wo können Sie die notwendigen Kompetenzen erwerben, die Ihnen zur Führungskraft noch fehlen? Wie und wo können diese von Ihren Teammitgliedern erworben werden?
- **Suchen Sie sich Hilfe**: Wo können Sie Unterstützung bekommen?
- **Suchen Sie sich Leitfiguren**: Wer sind die Vorbilder, an denen Sie sich orientieren möchten?

Falls Sie bei diesen Reflexionen bemerken, dass Sie auf dem falschen Weg sind, korrigieren Sie Ihren Kurs. Falls Sie feststellen, dass Ihr Ziel und Ihre Vision sich nicht mehr stimmig anfühlen, setzen Sie sich damit auseinander und verändern Sie diese.

■ 1.5 Survival-Tipps für Ihre persönliche Vision und Ihre Ziele

- **Träumen Sie von der Zukunft und entwerfen Sie eine Vision.** Ob in beruflichem oder privatem Kontext: Eine Vision fokussiert Ihre Aufmerksamkeit, und damit wird Ihre Energie in die gewünschte Richtung fließen!

- **Setzen Sie sich klare Ziele und verfolgen Sie diese hartnäckig.** Beginnen Sie nicht mit „vielleicht", „womöglich", „ich würde eigentlich". Wenn Sie voller Zweifel sind, dann sollten Sie gar nicht starten. Zweifel sind erlaubt, auch eine Veränderung Ihrer Strategie, falls es nötig ist. Auf all das gehe ich in den folgenden Kapiteln noch ein. Aber Zweifeln darf auf keinen Fall die Basis Ihres Vorhabens sein. Entscheiden Sie am Start, ob Sie gehen wollen. Und dann gehen Sie los.

- **Sehen Sie den Weg zum Ziel als eine Abenteuerreise – genießen Sie jeden Moment davon.** Wenn Sie ausschließlich aufs Ziel fokussiert sind, haben Sie am Schluss nur einen kurzen Triumph. Wenn Sie dagegen das Glück am Wegesrand wahrnehmen, erleben Sie dauerhaft Freude. Bleiben Sie ständig mit Ihren Träumen, Ihrer Vision und Ihren Zielen in Kontakt – denn diese sind der Motor für Ihre Anstrengungen.

- **Hinfallen erlaubt – liegen bleiben verboten.** Oder auch: Probieren, scheitern, weitermachen. Machen Sie es wie Sylvester Stallone als „Rocky", der gewinnt auch nicht im ersten Teil. Was zählt, ist der Wille. Durchhalten und dranbleiben heißt die Devise.

- **Gehen Sie jeden Tag einen Schritt in Richtung Vision und Ziel.** Es ist nicht wichtig, wie groß der Schritt ist, viel wichtiger ist es, die Vision und das Ziel im Kopf zu behalten und dranzubleiben. Jeder einzelne Schritt bringt Sie letztendlich dem Gipfel näher und trägt dazu bei, Ihre Vision zu verwirklichen.

- **Seien Sie gut zu sich selbst.** Der Weg zum Ziel ist manchmal hart. Deshalb belohnen Sie sich für einzelne Schritte, die Ihnen besonders schwergefallen sind. Feiern Sie Etappensiege, ob mit Ihren Mitstreitern oder für sich allein.

■ 1.6 Literatur

Cameron, Kim: *Positive Leadership*. BK-Publishers, San Francisco CA, 2012.

Doran, George T.: „There's a S.M.A.R.T. Way to Write Management's Goals and Objectives". Spokane, Washington 1981. Keine gesicherte Quellenangabe, aber es wird allgemein davon ausgegangen, dass das SMART-Akronym auf diesen Beitrag von George T. Doran zurückgeht.

Fredrickson, Barbara: *Die Macht der guten Gefühle. Wie eine positive Haltung Ihr Leben dauerhaft verändert.* Campus Verlag, Frankfurt am Main 2011.

Purps-Pardigol, Sebastian: *Führen mit Hirn. Mitarbeiter begeistern und Unternehmenserfolg steigern.* Campus Verlag, Frankfurt am Main 2015, S. 157 ff.

Schein, Edgar: *Karriereanker. Die verborgenen Muster in Ihrer beruflichen Entwicklung.* Verlag Wolfgang Looss, Darmstadt 1998.

2 Kompetenz – Basis aller Gipfelfreuden

Als Führungskraft geben Sie die Richtung vor. Am Glaciar Torre, im Hintergrund der Filo del Hombre Sentado (© Foto: Markus Stockert).

Sie haben nun ein klares Ziel und eine leidenschaftliche Vision. Lassen Sie uns im nächsten Schritt überprüfen, welche Fähigkeiten und Kompetenzen Sie zu einer erfolgreichen Führungskraft machen. Zu einem Menschen, der Veränderungen umsetzen kann. Dem andere gern folgen, weil er sie immer wieder begeistern, fordern, fördern und coachen kann.

Bolivien oder die Bewährungsprobe

Ob ein Mensch Führungsqualitäten hat, erweist sich oft in einer Krise oder in herausfordernden Situationen. Mir wurde das vor vielen Jahren klar. Nachdem die Guerilla-Bewegung „Leuchtender Pfad" Ende der 1980er-Jahre geführte Reisen nach Peru für Veranstalter unmöglich gemacht hatte, wich mein Vater mit seinen Touren nach Bolivien aus. Meine ersten beiden Reisen nach Bolivien führten mich als Co-Guide zu den fünf bekanntesten Sechstausendern der Cordillera Real und zum Sajama.

Zu dieser Zeit steckte Bolivien touristisch in den Kinderschuhen. Die Reisen hatten Pioniercharakter und forderten uns als Leiter gewaltig: Es gab viele organisatorische Dinge zu erledigen. Wir mussten sehr viel zusätzliche Arbeit koordinieren, zum Beispiel selbst für die Gruppe kochen. Nicht zuletzt forderte – damals so wie heute – die Mentalität des Landes uns als Organisatoren heraus: Der Begriff „mañana" (morgen) beherrschte die Zeitplanung entscheidend.

Der Aufstieg auf den Huayna Potosí ist so etwas wie meine „Feuertaufe" für mich als Führungskraft. Wir haben die Nacht im Hochlager unter dem Gipfel verbracht. Schon abends hat ein heftiger Schneesturm begonnen und die ganze Nacht angehalten. Das Unwetter hat die Landschaft um uns herum völlig verändert. Wir liegen eingekeilt zwischen hohen Schneewehen. Wie einbetoniert wird jeder in seiner Schlafstellung festgehalten. Die Pfanne mit den Resten unseres Kaiserschmarrens ist unter einer dicken Schneeschicht begraben. Weit unter uns liegt der Altiplano – eine der größten Hochebenen der Erde –, seine Brauntöne an den Berghängen sind wie mit einer schütteren weißen Glasur überzogen.

Nachdem wir uns wie Raupen aus unseren Biwaksäcken geschält haben, bereiten wir uns ein karges Frühstück mit viel heißem Tee und Porridge zu. Die Schalenbergschuhe sind hart gefroren, die Innenschuhe im Schlafsack warm, aber etwas feucht. Und jetzt geht es los – der härteste Teil der Tour liegt vor uns: Wir müssen uns durch 30 Zentimeter tiefen Neuschnee eine Spur zum Gipfel wühlen. Um das Risiko eines Spaltensturzes auszuschalten, seilen wir uns an. Die alte Spur bietet ein wenig Halt, den ich nutze. Mein Skistock verursacht ein quietschendes Geräusch im Schnee, wenn er auf die alte Spur trifft, durch dieses Signal kann ich ihr leicht folgen. Sobald ich ein wenig vom Weg abweiche, breche ich bis zur Hüfte im tiefen Schnee ein. Die ersten drei Stunden führe ich die tapferen Maulwürfe an. Doch bald fordert die Höhe ihren Tribut, und Markus Stockert, mein Freund und Bergführerkollege, unterstützt mich. Von nun an wechseln wir uns bei der Spurarbeit ab. Weiter und weiter geht es. Schneekristalle wirbeln durch die Luft. Wolkenfetzen und Nebelschwaden sausen an uns vorüber. Eine gespenstische Stimmung liegt in der Luft.

Plötzlich ertönt von hinten ein lauter Ruf aus der Gruppe. Erwin, unser ältester Teilnehmer, bringt die Gruppe auf etwa 5.700 Metern zum Halten. Wir stapfen ein Stück zurück, um ihn besser verstehen zu können.

„Nach meiner Berechnung sollten wir jetzt umkehren, um noch vor Einbruch der Dunkelheit den Gletscher verlassen zu können. Seid ihr einverstanden?"

Alle schauen mich fragend an. Ich blicke auf die Uhr – 11.50 Uhr –, in Richtung Gipfel oder dahin, wo der Gipfel sein muss. Nach einer kurzen Pause sage ich klar und bestimmt, dass ich bis 14 Uhr weitergehen werde, weil der Luftdruck gutes Wetter verspricht, das Erreichen des Gipfels realistisch ist und ich trotzdem den Gletscher vor Einbruch der Dunkelheit verlassen werde. Erwin wird noch lauter in seinem Versuch, mich zum Abbrechen zu bewegen: „Ich bin Heeresbergführer und habe schon viel erlebt. Aber das ist ja Führungswahnsinn! Wir hätten schon längst umdrehen sollen! Stefan, du gefährdest die ganze Gruppe ..." Man merkt ihm an, was er denkt: Hätte gerade noch gefehlt, dass er sich von zwei jungen Bergführern in den Tod leiten lässt!

Glücklicherweise bin ich vorher bereits zweimal auf diesem Gipfel gewesen, und weiß genau, dass eine Umkehrzeit um 14 Uhr auch für langsame Teilnehmer ausreichen würde, den Gletscher noch bei Tageslicht zu verlassen. Ich versuche, Erwin zu beruhigen, halte aber an meiner Meinung fest. Nach ein paar Minuten des Hin und Her stelle ich die Gruppe vor die Wahl: entweder mit Erwin und einem meiner Co-Guides umzudrehen oder mit mir weiter in Richtung Gipfel zu gehen. Die Gruppe spaltet sich. Die Hälfte der Zweifelnden steigt mit Erwin ab, die Hälfte der Hoffenden geht mit mir weiter.

Ab dem Zeitpunkt dieser Entscheidung setze ich alles daran, den Gipfel zu erreichen. Ich spüre eine Wut im Bauch, die meinen Ehrgeiz anstachelt. Mir solche Sachen an den Kopf werfen zu lassen – „Führungswahnsinn" –, wie komme ich dazu? Ich spure zielstrebig wie eine Dampflok durch den bisweilen hüfttiefen Schnee. In meinem Kopf hämmert es wie wild. Ich will auf diesen Gipfel!

Knapp zwei Stunden später stehen wir alle acht oben. Für einen Moment klart das Wetter auf und wir können die andere Gruppenhälfte bei unseren Zelten ausmachen. In der Dämmerung erreiche ich mit den letzten Teilnehmern unsere Fahrzeuge bei der Laguna Zongo.

Ich gehe gleich zu Erwin, der vor einem der Busse wartet, und entschuldige mich für die klaren Worte und die Auseinandersetzung oben am Berg. Etwas kleinlaut meint er: „Der Erfolg gibt dir recht!"

Nach diesem Erlebnis hatte ich bei all meinen Reisen nie wieder ein Problem, als Führer anerkannt und akzeptiert zu werden. Heute bin ich Erwin für diese „Prüfung" dankbar. Sie hat mich in meiner Klarheit und Entschlossenheit gestärkt und mir das nötige Selbstbewusstsein für alle späteren Herausforderungen mitgegeben.
      ■

■ 2.1 Schlüsselkompetenzen für die Führung

In diesem Beispiel – meiner Teamleitung am Huayna Potosí – wurden einige wesentliche Kompetenzen sichtbar, die mir halfen, mich erfolgreich zu behaupten:

- Selbstbewusstsein in meiner Funktion als Führungskraft,

- Entscheidungsfreude,

- ein gutes Gespür im Einschätzen von Risiken und deren Konsequenzen,

- ein sozial verträglicher Umgang mit meinen Mitmenschen,

- dass ich über notwendige Ressourcen verfügen konnte – hier am Berg in Form meiner physischen Fähigkeiten und meiner bereits gemachten Erfahrungen mit dem Berg.

Es gibt drei Bereiche, die in der Führungsarbeit wichtig sind: Jede Führungskraft braucht konzeptionelle, soziale und fachliche Kompetenz (Güttel, 2013, S. 80–90; Bild 2.1).

In das Bild des Bergsteigens gepackt könnte man sich die konzeptionelle Kompetenz als Kompass und Karte vorstellen – also alles, was man braucht, um den Überblick zu behalten, die Richtung nicht zu verlieren, die Umgebung und den Weg beurteilen zu können, Schwierigkeiten vorauszudenken, Orientierungspunkte und Meilensteine zu definieren und so das Team sicher zu führen.

Die sozialen Kompetenzen kann man sich wie ein Seil vorstellen, das die Teammitglieder sichert und miteinander verbindet. Durch die Bewegungen des Seils spürt man, wie es dem anderen gerade geht und was er zu tun beabsichtigt. Es ist die Verbindung, die man als Führungskraft zu allen Mitarbeitern braucht, um sie gut führen zu können.

Die fachliche Kompetenz würde sich in diesem Beispiel auf die Klettertechnik beziehen. Verfügt man über eine gute Klettertechnik, kann man Wege effizient und schnell bewältigen und als Vorbild wirken. Die Fachkompetenz ist aber der Bereich, in dem Sie am besten Kapazitäten schonen und Aufgaben delegieren können: Wenn ich zum Beispiel ein Team von Kletterern leite, die mir klettertechnisch überlegen sind, wird meine Autorität als Führungskraft dadurch nicht infrage gestellt, wenn ich die beiden anderen

Kompetenzen wahrnehme. Meine Kompetenz liegt im Führen, nicht im Vorausklettern. Ich bin derjenige, der dafür sorgt, dass das Ziel erreicht wird.

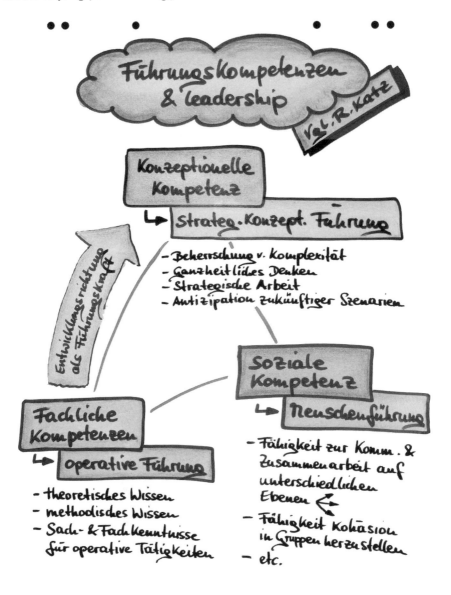

Bild 2.1 Setzen Sie als Führungskraft Ihren Schwerpunkt auf die konzeptionelle, strategische Führung, ohne die anderen Bereiche zu vernachlässigen (Güttel 2013, S. 80–90).

Eine weitere Sichtweise zu den wichtigen Kompetenzen für Führungskräfte bieten die Ideen des Positive Leadership von Kim Cameron (2012). Im Positive Leadership spielen die folgenden vier Aspekte eine besondere Rolle:

- **Engagement**: Wie stark beteiligen sich Mitarbeiter? Was beeinflusst ihre Leistungsfähigkeit?
- **Stärken entwickeln**: Individuelle Stärken der Mitarbeiter und die des Teams werden analysiert und entwickelt.
- **Eine starke Vision kreieren**: Es gilt, herausfordernde Ziele und eine umfassende Vision zu schaffen, die alle im Team begeistern.
- **Teamführung und -entwicklung**: Alle Mitglieder des Teams sollen die Möglichkeit bekommen, sich mit dem Unternehmen zu identifizieren und das gemeinsame Ziel mit anzustreben.

Die Idee des Positive Leadership beruht auf den Erkenntnissen der Positiven Psychologie. Das bedeutet nicht, dass Sie sich die Welt „schönmalen", indem Sie Negatives ausblenden. Sondern dass Sie auf das fokussiert bleiben, was positiv ist und was Sie und Ihr Team voranbringt.

■ 2.2 Konzeptionelle Kompetenz in der Führungsposition

Konzeptionelle Kompetenz ist die Fähigkeit, strukturell zu denken und zu planen. Sich Situationen vorausschauend vorzustellen, Lösungswege zu entwerfen, aus verschiedenen Blickwinkeln auf eine Sache zu sehen, das große Ganze und komplexe Zusammenhänge zu erfassen. Je höher Sie in Hierarchien aufsteigen und je mehr Führungsverantwortung Sie tragen, umso wichtiger wird Ihre konzeptionelle Kompetenz. Es geht darum, Bekanntes auf neue Situationen und Projekte zu übertragen und diese dadurch gezielt planen zu können. Konzeptionelle Kompetenz zeigt sich, wenn eine Führungskraft strategisch arbeitet, also nicht von Problemen oder Umständen getrieben agiert, sondern geplant und überlegt ihr Team führt.

Kurz: Sie müssen als Führungskraft die Person sein, die tatsächlich das Ziel und den geeigneten Weg dorthin kennt oder ihn sich zumindest vorstellen kann. Sie sind die Person, der sich die anderen anvertrauen können, weil Sie sich vorab gründlich mit der Route befasst haben und mit deren Gefahren, Chancen und Risiken, die unterwegs auftauchen können. Sie sind also derjenige, der sich schon überlegt hat, welche verschiedenen Situationen möglicherweise eintreten und welche Maßnahmen dann ergriffen werden könnten.

Den Überblick bewahren und vorausschauend handeln

Als gute Führungskraft laufen Sie nicht los, erledigen immer eben das, was gerade zu tun ist, und lassen sich von Schwierigkeiten überraschen, indem Sie sich erst um Lösungen bemühen, wenn Probleme bereits akut sind. Sondern Sie analysieren Projekte und Abläufe vorab. Sie entwickeln eine Strategie, um ans Ziel zu kommen. Dabei betrachten Sie Abläufe und Prozesse ganzheitlich und aus verschiedenen Blickwinkeln. Vor unserem Aufstieg auf den Huayna Potosí habe ich viel Vorbereitungszeit investiert, um körperlich topfit zu sein, mir die Route einzuprägen, mit allen Teilnehmern Gespräche zu führen und sie damit sicher wieder zurückzubringen. Es hat sich gelohnt.

Richtiges Einschätzen von Risiken und der angemessene Umgang mit ihnen

Niki Lauda war während seiner aktiven Zeit als Rennfahrer bereit, ein 20-prozentiges Risiko einzugehen, bei einem Rennen zu sterben (Lauda 2016). Aber auf keinen Fall ein noch höheres. Ein sehr hohes Risiko. Die Aussage zeigt jedoch, dass er sich bewusst mit dem Risiko und den Konsequenzen auseinandergesetzt hat, bevor er in seinen Rennwagen stieg. Das sollten auch Sie als Führungskraft tun: sich über Risiken und Chancen ausführlich informieren, sie einschätzen – und dann Ihre Entscheidungen fällen. Bei unserer Tour in Bolivien schätzte auch ich das Risiko und die Konsequenzen ein, bevor ich mich entschied, weiterzugehen: Wie bei allen meinen Touren war es auch am Huayna Potosí wesentlich, dass ich die Wettersituation, die Route und die konkrete Belastbarkeit der Teilnehmer einschätzen konnte. Das Risiko war gering, die Konsequenzen waren ebenfalls niedrig. Aus diesem Grund entschied ich mich dazu, weiterzugehen. Wenn das Risiko (etwa bei akuter Lawinengefahr) oder die Konsequenzen (Todesgefahr) sehr hoch gewesen wären, dann wäre ein Umkehren unbedingt notwendig gewesen.

Die Fähigkeit, Prioritäten zu setzen

Viele – vor allem noch unerfahrene – Führungskräfte verzetteln sich im Kampf an unzähligen Fronten. Das führt dazu, dass sie es versäumen, wichtige Entscheidungen gut durchdacht zu treffen, den Überblick verlieren und sich vom Tagesgeschäft antreiben und einvernehmen lassen. Hier ist Abgrenzung wichtig: Prioritäten kann nur die Führungskraft setzen, die dringende, aber unwichtige Aufgaben delegieren kann, um sich mit den wichtigen zu beschäftigen.

Entscheidungsstärke und Weitsicht

Sie treffen Entscheidungen auf Basis einer gut durchdachten Strategie und können diese Entscheidungen auch verantworten. Während eines Projektverlaufs behalten Sie den Überblick und analysieren regelmäßig, ob die Entscheidungen nach wie vor richtig sind oder verändert werden müssen. Mögliche Probleme erkennen Sie vorab und steuern frühzeitig gegen.

Widerstandsfähig sein

Als Führungskraft können Sie nur dann Stärke, Zuversicht und Sicherheit gegenüber Ihrem Team ausstrahlen, wenn Sie Resilienz entwickeln (siehe Kapitel 9). Das bedeutet, dass Sie physisch, emotional und mental widerstandsfähig sind, also Belastungen und Misserfolge verarbeiten können, sich dadurch nicht aus der Bahn werfen lassen und Krisen erfolgreich durchstehen. Sie müssen nicht alles an sich abperlen lassen und jederzeit den souveränen Chef mimen. Sie sollten aber auf jeden Fall in Ihrem Team derjenige sein, der bei Belastungen und Frust das größte Durchhaltevermögen hat und auch die Kraft, die anderen im Team zu motivieren. Resilienz ist deshalb eine Eigenschaft, die Sie als Führungskraft mitbringen sollten und die gleichzeitig ständig weiter trainiert werden kann und muss.

Wie Sie Ihre konzeptionelle Kompetenz entwickeln

Für eine Führungskraft ist die permanente Entwicklung unabdingbar. Für mich bedeutet das neben der geistigen Auseinandersetzung mit Aufgaben und eigenem Verhalten auch eine Menge körperlichen Trainings. Ich muss vor einer Expedition feststellen, wie ich mich auf die Bewältigung bevorstehender Aufgaben vorbereite, etwa um 35 Kilo schwere Rucksäcke stundenlang zu tragen oder Handrisse schnell und sicher klettern zu können. Ich muss körperliche Eignung entwickeln, muss sie mir antrainieren. Und das kann teilweise sehr anstrengend und hart sein. Mir ist in dieser Phase stets wichtig, auf meinen Körper und seine Signale zu hören. Damit ich reagieren kann, wenn er eine Pause einfordert. Obwohl auch hier noch zu unterscheiden ist, ob es sich um eine physische oder um eine mentale Hürde handelt: Physische Hürden sind zu berücksichtigen, der innere Schweinehund hingegen ist zu besiegen.

Um sich erfolgreich zu einer guten Führungskraft zu entwickeln, brauchen Sie außerdem die ehrliche Selbstreflexion: Haben Sie überhaupt Zeit für konzeptionelles Arbeiten? Denn nur dann können Sie sich in diesem Bereich entwickeln. Wenn Sie dagegen permanent im Tagesgeschäft gefangen sind, ist konzeptionelles Arbeiten nicht möglich und die Entwicklung dieser Führungskompetenz erst recht nicht. Viele Menschen, die wegen ihrer Fachkompetenz zur Führungskraft befördert wurden, erleben dies als die größte Herausforderung. Aufgrund ihrer Geschichte fühlen sie sich als Fachexperte kompetenter als in der neu erworbenen Funktion der Führungskraft.

Zwei Aspekte sind wesentlich, wenn Sie Ihre konzeptionellen Fähigkeiten stärken möchten: Reservieren Sie sich regelmäßig und konsequent Zeit für konzeptionelle Arbeit – und sorgen Sie dafür, dass Sie immer wieder Kraft schöpfen können.

Ihre konzeptionellen Fähigkeiten entwickeln Sie beim Tun, also indem Sie planen, Projektverläufe durchdenken, Prozesse analysieren, Schlüsse daraus ziehen und diese umsetzen. Und indem Sie regelmäßig Situationen reflektieren: Was lief gut, was nicht – und woran lag es? Dabei erkennen Sie, welche eigenen Fehler möglicherweise zum Scheitern geführt haben. Sie lernen, diese Fehler in Zukunft zu vermeiden, und auch, mit dem Scheitern umzugehen. Sie erkennen, welche Faktoren neben Ihrem eigenen Verhalten eine Rolle gespielt haben. Welche Dynamik in Ihrem Team wirkt. Welche Umstände in Projekten relevant waren. Welche Faktoren positiv auf Sie und Ihr Team wirken, welche Sie hemmen. Suchen Sie sich dafür ruhig Unterstützung: Vorbilder und Rollenmodelle können Ihnen zum Beispiel Orientierung geben. Ein externer Coach kann helfen, Lösungswege herauszuarbeiten, auf denen Sie Probleme anders als bisher angehen und sich so wieder motivieren können.

Sie sollten außerdem darüber nachdenken, aus welchen Quellen Sie die Kraft zum Weitermachen und für Ihre weitere Entwicklung ziehen. Greifen Sie auf diese Kraftquellen immer wieder gezielt zu. Für viele Menschen sind ihre Visionen (siehe Kapitel 1) der Motor, der sie antreibt. Sinn zu sehen in dem, was man tut, ist eine weitere wichtige Kraftquelle. Selbstbestimmt arbeiten zu können, ist sowohl für Führungskräfte als auch für alle anderen Mitarbeiter ein sehr starker Motivator.

Falls Probleme sehr viel Kraft binden, helfen Erinnerungen an positive Erfahrungen, an die Gefühle, die Sie dabei spürten – und der Austausch mit vertrauten Menschen außerhalb Ihres beruflichen Umfeldes. Vielleicht verhilft Ihnen auch Sport oder einfach nur Bewegung zum Ausgleich. Bei einer gemütlichen Ausfahrt mit dem Rad, einem ausgedehnten Spaziergang oder beim Bergwandern können Sie Ihre Energiereserven wieder auffüllen.

Finden Sie Ihre individuellen Wege und akzeptieren Sie, dass Sie in Entwicklung sind. Mir persönlich geht es als Führungskraft darum, immer wieder an meine Grenzen zu stoßen, diese auszuloten und zu verschieben. Ich erarbeite mir dadurch ein größeres Spektrum, auf das ich – vor allem im Ernstfall – zurückgreifen kann. Mein Grundsatz: Immer wenn ich glaube, ausgelernt zu haben, beginne ich wieder von vorn mit dem Lernen.

■ 2.3 Soziale Kompetenzen einer guten Führungskraft

Diese Kompetenz umfasst verschiedene Fähigkeiten der Kommunikation und Zusammenarbeit auf unterschiedlichen Ebenen. Sie kommunizieren durch Worte und durch Ihr Handeln ständig mit Ihren Mitarbeitern, signalisieren, wie Sie ihre Arbeit einschätzen, was Sie von ihnen erwarten ... Kommunikation ist sehr umfassend. Zu den sozialen Kompetenzen gehört außerdem auch die Fähigkeit, Kohäsion, also eine kommunikative Durchlässigkeit, eine Verständigung zwischen verschiedenen Ebenen innerhalb einer Gruppe herzustellen.

Empfiehlt man soziale Kompetenzen als wesentliches Kriterium für die Auswahl von Führungskräften, wird man mitunter belächelt. „Soziales", „Soft Skills" – das sind zwar Schlagworte, die brav mitgebetet werden, aber immer noch gibt es die Riege an Führungskräften, die all das für überflüssigen Kram halten. Das sind meist diejenigen, die um jeden Preis an Bestehendem festhalten und ihre Position sichern möchten. Die selbst wenig soziale Kompetenzen haben. Führungskräfte aus einer gestrigen Welt.

Soziale Kompetenz zeige ich, indem ich offen auf Menschen zugehe. Nur wenn ich mich für andere interessiere, erfahre ich, warum sie mit mir auf diesen Berg gehen wollen. Ich lerne mein Team kennen, kann mir ein Bild machen, welche Herausforderungen, Chancen und Risiken bei dieser Bergtour auf mich warten könnten. Ich schaffe gegenseitiges Vertrauen. Ohne eine Beziehung ist Führen nicht möglich. Wer fachlich gut ist, leistungsstark und ausdauernd, ausgestattet mit einer leidenschaftlichen Vision, und all das keinem seiner Mitmenschen vermitteln kann, der wird letztendlich nichts erreichen.

In allen zeitgemäßen Ansätzen von Führung kommen Sie deshalb nicht umhin, sich mit sozialen Aspekten auseinanderzusetzen. Bitte denken Sie an Projekte, die Sie mitgetragen haben – wie hoch war der Einfluss von Kommunikation, Verstehen, Missverstehen, Sympathien, Antipathien ... für den Erfolg des Projekts? Kaum ein Mensch würde leugnen, dass für den Erfolg, egal ob beruflich oder privat, immer die beteiligten Menschen ausschlaggebend sind. Wenn also eine Führungskraft mit den Menschen im Team kooperiert, sie versteht, von ihnen anerkannt und verstanden wird – dann ist nahezu alles möglich.

Ein wesentlicher Punkt erfolgreicher Führung ist daher auch, Mitarbeiter als Menschen und nicht als „Humankapital" zu sehen. Aus meiner Erfahrung am Berg habe ich mitgenommen: So wie ich als Bergführer die Menschen in der Gruppe behandle, so werden sie sich verhalten. Traue ich ihnen ehrlich zu, noch weiter zu kommen, gelingt es mir auch, ihnen das zu vermitteln – und sie zum Weitermachen zu motivieren. Diese Ansicht wird auch von Vertretern des Positive Leadership geteilt. Ein positives, bestärkendes und auf den Menschen ausgerichtetes Führungsverhalten hat sogar körperlich nachweisbare positive Effekte auf Mitarbeiter (Cameron 2012, S. 18 ff.). Versuchen Sie daher, Ihre sozialen Fähigkeiten stetig einzusetzen und immer weiterzuentwickeln.

Kommunikationsfähigkeit: senden und empfangen können

Beruflich geben Sie die Richtung vor, Sie sind die Führungskraft. Menschlich sollten Sie mit Ihren Mitarbeitern auf Augenhöhe bleiben. Nur wenn Sie gleichberechtigt und respektvoll mit Ihren Teammitgliedern kommunizieren, werden alle gemeinsam mit Ihnen gern für ein Ziel arbeiten. Gute Kommunikation ist für Führungskräfte das A und O. Deshalb gibt es in diesem Buch ein ganzes Kapitel darüber (siehe Kapitel 6).

Einfühlungsvermögen und Menschenkenntnis

Sie sind die Führungskraft und möchten bestimmte Ziele erreichen. Aber was wollen die anderen in Ihrem Team? Erst wenn Sie das erkannt haben, können Sie wissen, ob alle an einem Strang ziehen. Und Sie erfahren auch, wie Sie diejenigen motivieren, die bisher noch nicht auf demselben Weg wie Sie selbst sind. Wenn Sie Ihre Mitarbeiter kennenlernen, erfahren Sie, wovon sie träumen, was sie beschäftigt und was sie antreibt. Nur mit diesem Wissen können Sie Menschen auch für Ihre Ziele begeistern.

Die Fähigkeit, Wertschätzung geben zu können

Wenn Sie wollen, dass Ihr Team Außergewöhnliches leistet, dann fokussieren Sie sich in der Kommunikation mit Ihren Mitarbeitern auf die positiven Aspekte – schauen Sie auf das sprichwörtliche „halb volle Glas". Wertschätzen Sie die vielen Details und kleinen Schritte, die gut gelaufen sind, denn das ist der Weg, auf dem Sie Begeisterung entfachen und Ihr Team zur Höchstleistung motivieren können.

Eine unserer größten Sehnsüchte als Menschen ist es, anerkannt, gesehen und wertgeschätzt zu werden. Denn nur wer als intelligenter und vollwertiger Mensch behandelt wird, kann und wird seine Fähigkeiten entfalten. Sie kennen wahrscheinlich das Phänomen des ständig abgestraften Schülers, der „sowieso nichts hinbekommt". Das wird ihm so lange erzählt, bis ihm nichts übrig bleibt, als es selbst zu glauben. Wenn Sie kurz nachdenken, fallen Ihnen sicher einige Menschen ein, die über lange Zeit so behandelt wurden und die allein deshalb schließlich resignierten.

Balance halten zwischen Vertrauen und Kontrolle

Kennen Sie Führungskräfte, die ihre Mitarbeiter fördern, aber immer nur ein Stück weit? Die über alles wachen, jeden im Auge behalten, stets alles unter Kontrolle haben möchten? Grund dafür ist die Angst, von den eigenen Mitarbeitern überholt zu werden, entbehrlich zu sein oder die Kontrolle zu verlieren. Daher werden immer wieder Kontrollmechanismen eingebaut und den Mitarbeitern vermittelt: Ohne mich bekommt ihr es nicht hin, ich vertraue euch nicht. Ein Führungsstil, der auf Kontrolle beruht, kann nicht zu Höchstleistungen animieren. Weder Sie selbst noch Ihre Mitarbeiter. Wichtig ist, dass Sie über wichtige Themen auf dem Laufenden bleiben, in den einzelnen Bereichen aber geeignete Mitarbeiter einsetzen und in ihrer Entwicklung unterstützen, sodass diese eigenverantwortlich ihre Aufgaben umsetzen.

Selbstbewusstsein und Bescheidenheit

Es ist gut, als Führungskraft selbstbewusst und sicher zu wirken. Denn wenn Sie fahrig und unsicher kommunizieren und agieren, irritieren und verunsichern Sie auch Ihre Mitarbeiter. Das heißt nicht, dass Sie jederzeit den „starken Mann" oder die „starke Frau" spielen müssen. Sondern dass Sie Entscheidungen durchdenken und dann sicher kommunizieren. Falls Sie Entscheidungen verändern müssen, kommunizieren Sie auch die Gründe dafür. Gemeinsame Erfolge feiern Sie bitte mit Ihrem Team – als Erfolge des Teams. Nicht als Ihre alleinigen.

Verantwortungsbewusstsein – und der Wille, die Verantwortung auch zu tragen

Beziehen Sie Ihre Mitarbeiter ein und nehmen Sie jeden Menschen in Ihrem Team ernst. Hören Sie sich auch an, wenn jemand etwas zu einer Entscheidung zu sagen hat. Berücksichtigen Sie berechtigte Kritik und Einwände, ändern Sie Entscheidungen, wenn es nötig und sinnvoll ist. Aber: Treffen Sie die Entscheidungen. Stehen Sie dazu, übernehmen Sie die Verantwortung – vor allem, wenn sich Entscheidungen rückblickend als falsch herausstellen. Sie sind die Führungskraft. Treffen Sie jederzeit Entscheidungen, die Sie später auch sinnvoll begründen und zu denen Sie stehen können.

Kritikfähigkeit

Die brauchen Sie vor allem, wenn Sie Fehler gemacht haben. Bleiben Sie authentisch, stehen Sie zu eigenen Fehlern. Es ist beschämend und unwürdig, wenn Sie als Führungskraft versuchen, Ihre Fehler auf andere zu schieben. Wenn Sie hinter Ihren Entscheidungen genauso stehen wie zu Ihren Fehlern, werden Sie in Ihrem Team als Führungskraft respektiert. Wenn Mitarbeiter Fehler machen (und das werden sie), suchen Sie im ersten Schritt nach Ursachen für die Fehler (nicht aber nach Schuldigen!), um diese Fehler in Zukunft zu vermeiden. Im zweiten Schritt können Sie dann zusammen mit dem Team nach Lösungen suchen. Dabei hilft die Frage: „Wie schaffen wir es, das Ziel zu erreichen?"

Diplomatie und Durchsetzungsvermögen

Eine kompetente Führungskraft findet immer wieder die Balance zwischen diesen beiden Polen. Setzt sie eigene Entscheidungen durch, weil sie sinnvoll und richtig sind? Oder geht sie aus verschiedenen Gründen ein Stück weit vom eingeschlagenen Weg ab, macht Kompromisse? Die Fähigkeit, hier immer wieder die richtige Entscheidung zu treffen, kann und muss im beruflichen Alltag, durch das Feedback in einem guten Mentoring und auch in Schulungen trainiert und entwickelt werden.

Wie Sie Ihre soziale Kompetenz entwickeln

Ich selbst nutze auf Bergtouren die einfachen Streckenabschnitte zur Selbstreflexion. Vielleicht haben Sie auch solche Möglichkeiten in Ihrem Alltag, die Sie immer wieder nutzen können. Darüber hinaus holen Sie sich regelmäßig Feedback. Der Austausch mit vertrauten Menschen in Familie und Freundeskreis kann hilfreich sein. Auch ein loyaler Stellvertreter kann Ihnen Ihre Arbeit spiegeln. Stellen Sie dabei Fragen wie die folgenden:

- Wie habe ich mich bisher als Führungskraft gegenüber der Gruppe verhalten?
- Habe ich Entscheidungen nach bestem Wissen und Gewissen getroffen? Oder hätte es für manche Entscheidungen Alternativen gegeben?
- Bin ich auf die Menschen in meinem Team angemessen eingegangen, konnte ich sie für gemeinsame Ziele motivieren?
- Habe ich in schwierigen Kommunikationssituationen angemessen und sinnvoll agiert und reagiert?
- Bei zwischenmenschlichen Problemen: Wie hätte es besser laufen können?
- Wie erleben andere mich als Führungskraft?
- Wenn meine Mitarbeiter einen Wunsch an mich als Führungskraft frei hätten, wie würde dieser lauten?
- Wenn andere selbst die Führungskraft dieses Teams wären, was würden sie ähnlich und was anders als ich angehen?
- Gibt es jemanden, der mir blinde Flecken sichtbar machen kann?

■ 2.4 Fachliche Kompetenz: Wann ist sie entscheidend?

Dazu gehören vor allem theoretisches und methodisches Wissen sowie verschiedene Sach- und Fachkenntnisse, die Sie für operative Tätigkeiten benötigen. Kurz: Branchenkenntnis, das Wissen um Abläufe und Prozesse. Wichtig ist, dass Sie von Fachkompetenz profitieren, sich aber andererseits als Führungskraft nicht im operativen Geschäft und in fachlichen Themen verlieren dürfen, da sonst die Kapazitäten für die konzeptionelle Arbeit fehlen – und die sollte im Fokus einer Führungskraft stehen.

Die allermeisten Führungskräfte müssen sich über ihre Fachkompetenz keine Sorgen machen. Kaum jemand wird zur Führungskraft berufen, der nicht vorher in „seinem"

Bereich schon Fachkenntnisse sammeln konnte. In vielen Unternehmen wird derjenige Führungskraft, der sich durch Fachkompetenz und damit besondere fachliche Leistung ausgezeichnet hat. Aus dieser Position nehmen viele unerfahrene Führungskräfte dann ihr Selbstverständnis mit: Der beste Verkäufer wird zum Verkaufsleiter gemacht und hat das Gefühl, er muss weiterhin am besten verkaufen – und vernachlässigt dabei dann zwangsläufig seine sozialen und konzeptionellen Aufgaben als Führungskraft.

Falls Sie als kompetente Fachkraft in eine Führungsposition kommen, müssen Sie sich deshalb zuerst überlegen, ob Sie diesen Rollenwechsel tatsächlich anstreben: Sagen Sie selbst Ja zur Führung? Sind Sie bereit, Ihre berufliche Rolle neu zu definieren? Um ein Beispiel zu geben: Als bester Verkäufer oder fachliche Koryphäe sind Sie vergleichbar mit dem besten Schlittenhund im Team. Nun werden Sie zum „Musher" gemacht. Das ist der Mensch im Schlittenteam, der hinten am Schlitten steht und die Übersicht behält, wohin die Hunde laufen sollen. Er hat das Wetter im Blick, kennt eventuelle Hürden auf der Route, sorgt für genügend Nahrung, plant herausfordernde Tagesetappen, ohne dass die Hunde sich dabei überfordern, kennt die Stärken und Schwachstellen seiner Meute, verbindet blutende Pfoten, klärt Konflikte zwischen den Hunden, gibt ihnen Wertschätzung … Der Musher muss in Notsituationen zwar auch mal runter vom Schlitten und mithelfen, den Schlitten aus dem Flussbett zu ziehen, in das er eingebrochen ist. Aber eben nur in Ausnahmesituationen. Wollen Sie der Musher sein? Dann können Sie nicht weiter der beste Schlittenhund bleiben. Sie müssen raus aus dem Geschirr und nach hinten auf den Schlitten. Diese Entscheidung sollten Sie bewusst treffen, da es Ihnen ansonsten sehr schwerfallen wird, auf Ihrer Position zu bleiben – und Ihr Team wird schlussendlich mit einem führerlosen Schlitten durch die Gegend jagen.

Je umfassender Ihre Führungsverantwortung ist und je höher Sie aufsteigen, desto weniger ist Fachkompetenz wirklich noch nötig. Schon in der mittleren Führungsebene kann eine Führungskraft die fachlichen Themen gut an die untere Führungsebene und an Fachkräfte abgeben, die mit der Recherche zu fachlichen Themen betraut werden können, die Ergebnisse der Führungskraft präsentieren und so helfen, eine Grundlage für sinnvolle Entscheidungen zu finden.

Wie Sie Ihre fachliche Kompetenz entwickeln

Beim Thema Fachkompetenz kann grundsätzlich gelten: Sie müssen wissen, worum es in Ihrer Arbeit geht, und eine gewisse fachliche Erfahrung mitbringen. Wie hoch diese sein sollte, hängt von Branche, Umfang der Führungsverantwortung und fachlichem Umfeld ab. Fachliche Kompetenz muss in jedem Fall mit sozialen und konzeptionellen Fähigkeiten in Zusammenhang gebracht werden. Für mich als Führungskraft am Berg ist Fachkompetenz zum Beispiel unabdingbar. Ich muss meine Steigeisen richtig einsetzen, um dieses Wissen an meine Teilnehmer weitergeben zu können. Ich muss auch das Können und die Bedürfnisse eines jeden einzelnen Teammitglieds einschätzen können. Und zu diesem Wissen komme ich nur, wenn ich ein gewisses fachliches Verständnis habe – vor allem aber, indem ich kommuniziere. Ziel einer Führungskraft muss es sein, auf jeden Einzelnen einzugehen und doch das Gesamte im Blick zu behalten.

Sie selbst wissen am besten, wie viel und welche Fachkompetenz in Ihrem Führungsjob relevant ist. Wenn Sie mit Ihrem Team in gutem Kontakt sind, werden Sie sich auch über fachliche Themen austauschen. Bleiben Sie wach und aufmerksam für neue Entwicklungen in Ihrem Fachbereich und entscheiden Sie immer wieder aufs Neue, ob Sie diese für wesentlich halten. Betreiben Sie kein Mikromanagement, indem Sie Detailprobleme lösen. Fokussieren Sie sich auf größere Zusammenhänge, um kluge Entscheidungen als Führungskraft treffen zu können.

■ 2.5 Survival-Tipps, mit denen Sie zur Führungskraft werden

- **Behalten Sie das große Ganze im Blick**. Reflektieren Sie regelmäßig, auf welcher Ebene Sie agieren – als Fach- oder Führungskraft? –, und achten Sie darauf, in Ihrer Führungsrolle zu bleiben. Delegieren Sie Aufgaben sinnvoll und überlegen Sie sich praktikable Prozesse, um die Umsetzung dieser Aufgaben registrieren zu können.

- **Nehmen Sie sich Zeit für konzeptionelles Denken und Arbeiten**. Nehmen Sie sich regelmäßig Zeit zum Reflektieren, zum Analysieren und zum Antizipieren. Dadurch können Sie den notwendigen Überblick behalten und fühlen sich nicht wie ein Hamster im Rad.

- **Nehmen Sie Ihre Mitarbeiter als Menschen wahr**. Wer wie eine Maschine behandelt wird, wird sich schließlich auch so verhalten: Dienst nach Vorschrift, die eigene Persönlichkeit bis Arbeitsschluss ausschalten – und danach ab ins richtige Leben. Mit einem solchen Maschinenparkteam werden Sie weder Ziele erreichen noch Freude in der Arbeit haben. Und Ihre Mitarbeiter ebenso wenig.

- **Behalten Sie den Humor**. Das bedeutet nicht, dass Sie alles zu einem Witz machen müssen. Sie sollten nur nicht vergessen, dass Sie die Führungskraft sind – und damit auch ein Stück weit bestimmen können, wo der Spaß aufhört und es beginnt, ernst zu werden. Oft hilft es, gemeinsam zu lachen – und danach neu wieder anzufangen, wenn mal etwas schiefgegangen ist.

- **Haben Sie Spaß am Führen**. Klar, Hindernisse zu überwinden, über gemeinsame Wege zu diskutieren und um Erfolge zu ringen – all das gehört dazu. Doch wenn es Ihnen dauerhaft gar keinen Spaß macht, läuft etwas falsch.

- **Bleiben Sie immer in Bewegung**. Auch wenn Sie einen Schritt geschafft haben: Gönnen Sie sich Zeit für Pausen und dafür, Erfolge zu feiern. Ruhen Sie sich aber nicht auf dem Erreichten aus. Es geht immer weiter, Sie bleiben in einer ständigen Entwicklung. Die einzige Konstante im Leben ist die Veränderung.

■ 2.6 Literatur

Cameron, Kim: *Positive Leadership*. BK-Publishers, San Francisco CA, 2012.

Güttel, Wolfgang H.: „Konzeptionelle Kompetenz: Leadership aus der Perspektive der New Austrian School of Management". In: *Austrian Management Review* Vol. 3, 2013, S. 80–90.

Lauda, Niki: Interview der Zeitschrift GQ zum Film Formel 1 mit Niki Lauda, http://www.gq-magazin.de/unterhaltung/stars/niki-lauda-ich-fahre-nicht-gerne-auto/niki-lauda-sonst-bist-du-tot, abgerufen am 31.01.2016.

3 Wie Sie wirksam führen – jeder Berg ist anders

Bei unserem Strategiemeeting im Advanced Base Camp auf 6.450 Metern Höhe vor dem Aufstieg zum Mount Everest (© Foto: Erich Gatt).

Direktiv, demokratisch, autoritär ... sicher kennen auch Sie viele Begriffe und Ideen zum Führungsstil. Doch wie findet man seinen eigenen Führungsstil? Und bewährt sich ein und derselbe Stil in jeder Situation? Fragen, die sich jede Führungskraft stellt. Schließlich ist Führung eine Aufgabe mit vielen Aspekten. Dass bei der Entscheidung für den geeigneten Führungsstil zahlreiche Fragen aufkommen, ist daher nur zu verständlich.

Unterwegs zum Mount Everest

Wie bei allen anderen Bergtouren, die ich führte, waren auch beim Auf-stieg auf den Mount Everest im Mai 2001 zahlreiche Aspekte zu beden-ken. Ich erinnere mich gut: Wir starteten von der tibetischen Seite aus, was eine anspruchsvollere Tour als über den Khumbu-Eisbruch darstellte, der auch damals schon ziemlich überlaufen war. Unsere Route war zwar aufgrund der klettertechnischen Schwierigkeiten anspruchsvoller, der Vorteil aber war, dass weitaus weniger Personen hier auf den Berg wollten als auf der Südseite.

Am ersten Tag stapfen wir über endlos erscheinende Moränenrücken, ste-tig bergauf bis auf 6.050 Meter, wo wir ein Zwischenlager errichten. Von dort aus wollen wir in einem weiteren Tag das ABC, das Advanced Base Camp, auf 6.450 Metern erreichen. Am nächsten Tag gleich nach Sonnen-aufgang verlasse ich alleine unseren Lagerplatz, um möglichst schnell ins ABC zu gelangen. Der steinige Pfad führt vorbei an bis an zu 35 Meter hohen Eistürmen, die links und rechts vom Weg aus dem Gletscher em-porragen. Ich fühle mich wie der Protagonist eines Science-Fiction-Films, der versucht, aus dem Maul eines Ungeheuers mit riesigen, weißen Reiß-zähnen zu entkommen. Aufgrund der Höhe vollzieht sich meine Flucht aber im Zeitlupentempo. Nach einer Stunde Marsch taucht in der Ferne die Chomolungma auf („Göttin Mutter Erde", wie die Tibeter den Mount Everest schon immer nannten). Sie ist tief verschneit, ein wunderschöner Anblick, der mich tief berührt.

Der Mount Everest oder die Chomolungma, wie ihn die Tibeter nennen (© Foto: Stefan Gatt).

Nach dieser einsamen Wanderung durch die Allee der Eistürme erreiche ich das ABC. Ich bin schockiert: Eine umtriebige Geschäftigkeit erfüllt das Lager. Eine richtige Zeltstadt hat sich hier gebildet. Die Einsamkeit und Stille des Nyanchen Thanglha hatte in mir eine leise Hoffnung entstehen lassen, dass vielleicht doch nicht so viele Bergsteiger hier sein würden. Doch weit gefehlt: Mehr als 130 bunte Zelte sind wie Farbkleckse über die Moräne verteilt. Ich mache unseren von den Sherpas vorbereiteten Lagerplatz ausfindig und bespreche mit dem Sirdar, dem Leiter unserer Sherpas, die weitere Vorgehensweise. Schon nach wenigen Minuten merke ich, dass die Sherpas in den vergangenen vier Wochen nur wenige Lasten auf den Berg getragen haben. Als entschuldigenden Umstand führt der Sirdar immer wieder das schlechte Wetter an. Ich habe eher den Eindruck, dass die Motivation ein bisschen dürftig ist und klare Anweisungen erforderlich sind. Eine Stunde später brechen die Sherpas mit etlichen Sauerstoffflaschen in Richtung Lager I auf. Und ich beginne mit dem Aufstellen der Zelte. Nach und nach treffen alle Teilnehmer im ABC ein. Die nächsten Tage sind geprägt von unsicherem Wetter hier und Sturm in der Höhe. Jetzt geht es darum, auf das Schönwetterloch zu warten, das unser „Wetterfrosch", der Spitzenmetereologe Dr. Karl Gabl von der Wetterdienststelle in Innsbruck, ausfindig machen soll.

Bei meinem Anruf am Donnerstag, den 17. Mai 2001, vermutet er eine Stabilisierung für den nächsten Wochenanfang. Sicherheitshalber soll ich ihn am nächsten Tag um sechs Uhr früh nochmals anrufen. Das Satellitentelefon überträgt mir die erhofften Worte: „Am Sonntagabend kommt eine Warmluft aus Westen, des schaut guat aus! Konkret heißt des für euch: Morgen Samstag starker Wind mit geringem Niederschlag, für Sonntag das Gleiche, aber a bissl wechselhaft mit a bissl Niederschlag. Gegen Abend wird es am Sonntag bereits besser. Der Wind wird aufhören, Montag bis Mittwoch sind keine Niederschläge zu erwarten – Wind maximal 40 km/h. Am Donnerstag könnte wieder eine Störung eintreffen, des kann I jetzt no nid so genau sagen!", so spricht Karl Gabl, fast 7.000 Kilometer entfernt von uns. Für mich ein Phänomen, ein Magier und – ich glaube ihm.

Sofort trommle ich die ganze Mannschaft zusammen und überbringe die ausgezeichnete Wetterprognose. Nach dem Mittagessen stelle ich der Gruppe die Aufgabe, gemeinsam einen exakten Plan für das weitere Vorgehen zu erarbeiten. Meine Erfahrung als Trainer ist bei der Moderation solcher Prozesse äußerst hilfreich für die Gruppe. Die Strategiesitzung gestaltet sich dennoch schwieriger als gedacht. Angst hat sich eingeschlichen. Angst, zu versagen. Angst, die falsche Entscheidung zu treffen. Angst vor der Mächtigkeit des Berges ... und damit nicht zuletzt die Angst, am Berg zu sterben.

Zwei Stunden ist es dann bereits her, dass ich die Frage zur Planung der Lagerkette gestellt habe: „Wer möchte wann mit wem in welchem Lager übernachten?"

Schweigen. Keiner will sich entscheiden.

Die Teilnehmer meiner Expedition sind allesamt eigenverantwortliche Alpinisten mit viel Erfahrung, und trotzdem ist es ihnen lieber, jemand anderen für sich entscheiden zu lassen. Den Freiraum, den ich ihnen bieten will, können und wollen sie nicht nutzen. Manchen wäre es am liebsten, ich würde sie an der Hand nehmen und zum Gipfel führen. Das war aber so nicht ausgemacht. Ich will dieses Risiko als Expeditionsleiter nicht tragen. Einige Anbieter kommerzieller Expeditionen sehen das anders: Dort legen die Teilnehmer einer Expedition ihr Geschick in die Hände von Führern und Sherpas, die sie auf den Berg lotsen – mit „Gipfelgarantie". Wenn es aber zu unvorhergesehenen Situationen kommt, können weder Sherpas noch Guides aufgrund der Extremsituation echte Hilfe bieten. So geschehen bei der Tragödie im Jahre 1996. Damals gelangte der Mount Everest zu trauriger Berühmtheit durch den Tod von acht Menschen.

Also stelle ich im Grunde immer wieder die gleiche Frage: „Wie schaffen wir es, dass jeder eine Chance erhält, mit den vorhandenen Ressourcen auf den Gipfel zu steigen und wieder sicher im Basislager anzukommen?" Manche Ideen werden verworfen, manche Ideen behalten ihren Wert. Vor- und Nachteile werden abgewogen und Plan-B-Szenarien entworfen. Ich steuere den Prozess als Moderator. Mit meinen Meinungen und meinen persönlichen Wünschen halte ich mich in diesem Prozess stark zurück. Erst als es in unserem Lager dunkel wird, sind die letzten Entscheidungen getroffen. Ein langwieriger Prozess mit dem Ergebnis, dass alle Teilnehmer voll hinter den Entscheidungen stehen können, die sie schlussendlich selbst getroffen und wofür sie die Verantwortung übernommen haben.

Wir besprachen noch einmal die Worst-Case-Szenarien mit den möglichen Verhaltensweisen. Zum Abschluss des Abends testen alle Teilnehmer die Funktionsweise der Sauerstoffflaschen für den Eintritt eines Notfalles. Müde, aber zufrieden schlüpfe ich um 22 Uhr in meinen Schlafsack.

■ 3.1 Variantenreich führen und motivieren – die Vielfalt der Führungsstile

Nicht nur auf dem Weg zum Gipfel des Mount Everest, sondern bei jeder Tour, die ich leite, werde ich mit einer Vielzahl an Unwägbarkeiten, neuen Entscheidungsmöglichkeiten und unbekannten Herausforderungen konfrontiert. Wie eine Führungskraft in einem beliebigen Wirtschaftsunternehmen muss ich Entscheidungen treffen, die Konsequenzen haben. In meinem Fall auch welche, bei denen es um Leben und Tod von Teilnehmern gehen kann. Das ist in Ihrem Alltag wahrscheinlich nicht der Fall. Dennoch hängt es von Ihrer Führung und Ihren Entscheidungen ab, ob Ihr Team gemeinsam das Ziel erreicht. Es ist nur zu vernünftig, dass Sie in dieser Situation danach streben werden, sich eine sichere Spur zu erarbeiten, ein Vorgehen und Verhalten, das es Ihnen ermöglicht, mit hoher Wahrscheinlichkeit Ihre Ziele umzusetzen, kurz: einen erfolgreichen Führungsstil.

Hierbei kann Ihnen das Managerial Grid eine Hilfe sein. Dieses Modell wird im Positive Leadership genutzt, um Führungsstile zu definieren. Es wurde 1964 von Jane Mouton und Robert R. Blake entwickelt und basiert darauf, dass Führung keine eindimensionale Aufgabe ist (McKee/Carlson 2000). Es geht dabei nicht nur um die Führungskraft selbst, sondern um alle Mitarbeiter, um deren Beziehungen zueinander, um die ständige Entwicklung dieser Menschen und um die Macht, etwas und jemanden bewegen zu können.

Im Grid werden zwei Dimensionen definiert: die Aufgaben- und die Mitarbeiterorientierung. Das bedeutet, es geht nicht mehr nur um die Entscheidung zwischen einem autoritären (also vom Mitarbeiter distanzierten) und einem demokratischen Führungsstil (der die Teammitglieder einbezieht). Sondern darum, wie das Zusammenspiel mit dem Team und die Zielerreichung in Einklang gebracht werden können. Am Berg und im Unternehmen heißt das also: Ihr Schwerpunkt als Führungskraft liegt nicht allein darauf, dass alle das Ziel erreichen, auch nicht nur darauf, dass sich alle wohlfühlen und einbezogen werden – sondern immer auf beidem gleichzeitig.

3.1.1 Führungsstile orientiert am Managerial Grid

Blake und Mouton entwickelten verschiedene Führungsprofile, indem sie das Führungsverhalten unter sechs verschiedenen Aspekten analysierten. Sie stellten die Fragen:

- Wie löst die Führungskraft Konflikte?
- Ergreift sie die Initiative?
- Gewinnt sie Informationen auf direktem oder indirektem Weg?
- Wie vertritt sie ihren Standpunkt?
- Wie trifft sie Entscheidungen?
- Wie übt sie Kritik?

Anhand der Verhaltensweisen wird auf Skalen von jeweils 1 bis 9 dargestellt, wie stark die Mitarbeiter- und Aufgabenorientierung im Verhalten der Führungsperson ausgeprägt ist. Die Stile werden dann mit einer Ziffernkombination dargestellt. Diese Führungsstile sind keine in Stein gemeißelten Vorgaben, sondern Ausrichtungen des Führungsverhaltens, die sich durch bestimmte Umstände, die Beziehungen zwischen Führungskraft und Teammitgliedern sowie durch die persönliche Entwicklung der Führungskraft verändern.

Die beiden ersten der im Folgenden aufgeführten Führungsstile basieren auf der Annahme, dass man nur auf eines – also entweder auf die Mitarbeiter oder die Aufgaben, die das Team erfüllen muss – fokussiert sein kann. Führungskräfte mit den folgenden beiden Führungsstilen gehen also oft davon aus, dass eines das andere ausschließt (Bild 3.1).

9,1 – „Führungsstil: Kontrolle" bedeutet, dass eine hohe Aufgaben-, aber eine sehr niedrige Mitarbeiterorientierung besteht. Die Führungskraft achtet fast ausschließlich auf die Aufgaben und die Zielerfüllung. Mitarbeiter bindet sie nicht aktiv ein, sondern agiert vor allem mit Dominanz und Kontrolle: Sie gibt detaillierte Aufgaben vor, erwartet prompte und vollständige Umsetzung von Anweisungen. Die Kommunikation ist einseitig: Der Chef weist an, der Mitarbeiter führt aus. Dass dieser Stil zwar vorübergehend zur Zielerreichung führen kann, langfristig aber für Verdruss und Widerstand sorgt, liegt auf der Hand.

1,9 – „Führungsstil: Entgegenkommen" ist das Gegenteil des kontrollierenden Führungsstils: Die Führungskraft ist stark auf die Mitarbeiter ausgerichtet, vermeidet aber die Auseinandersetzung mit den zu erreichenden Zielen. Es geht vor allem darum, dass es den Mitarbeitern gut geht. Konflikte vermeidet die Führungskraft. In diesem Team geht es harmonisch zu. Mitarbeiter werden jedoch unterfordert und Ziele auf diese Art nicht oder selten erreicht.

5,5 – „Führungsstil: Kompromisse" nennt sich der Führungsstil, der beide Aspekte ein Stück weit berücksichtigt. Fast sollte man annehmen, dass dies der geeignete Führungsstil wäre, um ans Ziel zu kommen. Das ist nicht der Fall. Denn um auf Nummer sicher zu gehen, versucht diese Führungskraft, sich jederzeit am Bekannten zu orientieren. Um keine Risiken einzugehen, bleibt sie beim Bewährten. Eine Zeit lang funktioniert ein solcher Führungsstil. In Ausnahmesituationen, bei neuen Herausforderungen oder in Zeiten, in denen Kreativität gefragt ist, scheitert diese Führungskraft jedoch.

1,1 – „Führungsstil: Gleichgültigkeit" bedeutet, dass der Chef sich weder auf die Aufgaben noch auf die Mitarbeiter fokussiert. Er vermeidet Konflikte, zeigt weder Initiative noch einen eigenen Standpunkt, trifft keine Entscheidungen … kurz: Eine Führungskraft mit diesem Verhalten führt nicht, sondern geht der Führung aus irgendeinem Grund aus dem Weg. Das ist unterm Strich für niemanden sinnvoll. Wer so „führt", sollte die Führung abgeben, da er sie offensichtlich nicht will.

9,9 – „Führungsstil: ausgewogen" zeichnet sich durch hohe Orientierung sowohl an Aufgaben als auch an Mitarbeitern aus. Diesem Führungsstil liegt die Überzeugung zugrunde, dass Ziele nur erreicht werden können, wenn alle Mitarbeiter aktiv und ihren individuellen Voraussetzungen entsprechend eingebunden sind. An die Führungskraft stellt dieser Stil sehr hohe Anforderungen. Sie muss empathisch, klug und lösungsorientiert arbeiten. Regelmäßiges Reflektieren und Analysieren ist hierbei unerlässlich.

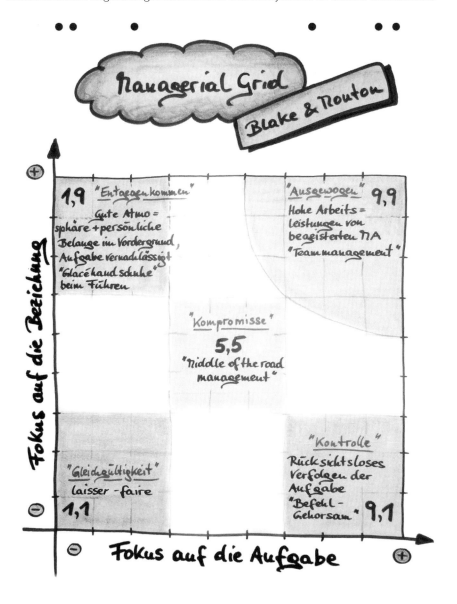

Bild 3.1 Die Orientierung auf die Mitarbeiter und auf die Aufgaben sollte möglichst hoch sein, um gut zu führen.

3.1.2 Vor- und Nachteile des Grid-Modells

Kritik erfährt das Grid-Modell zum einen, weil die Auswahl der von Mouton und Blake definierten Verhaltenselemente nicht für jeden nachvollziehbar erscheint. Vor allem aber bemängeln Kritiker, dass in diesem Modell der 9,9-Führungsstil als der optimale Stil dargestellt wird. Diesen können aber womöglich nicht alle Führungskräfte erreichen, weil (vor allem vonseiten der Unternehmen) oft der Aufgabenorientierung ein höherer Stellenwert als der Beziehungsorientierung zugeordnet wird.

Der Hauptkritikpunkt am Grid-Modell ist jedoch, dass womöglich spezifische Situationen und auch die Zusammensetzung der Teammitglieder wenigstens zeitweise einen anderen Führungsstil als den 9,9-Stil erfordern. Auf dieser Annahme basiert die Idee eines situativen Führungsverhaltens.

◼ 3.2 Fester Führungsstil oder variable Führung?

Sich in seinem Führungsverhalten einer Situation anzupassen, seinen Führungsstil auf die aktuellen Gegebenheiten – den konkreten Projektverlauf, einen bestimmten Prozessschritt, die aktuelle Teamsituation – einzustellen, das versteht man unter situativer Führung.

Doch wie weit sollte diese Anpassung gehen? Welche Prioritäten sollten bestehen bleiben und welche Veränderungen sind noch akzeptabel? Fragen, denen sich jede Führungskraft immer wieder stellen muss. Wie weit Sie sich auf die Situation einlassen sollten, müssen Sie selbst immer wieder neu abwägen. Nicht zuletzt hängt das auch immer von der aktuellen Situation ab – und immer wieder von Ihrem Team.

Sie sollten außerdem nicht vergessen, dass jede Führungskraft auch ein Individuum mit eigenen Verhaltensweisen, Träumen und Bedürfnissen ist. Keiner von uns ist eine Maschine, ein stets funktionierender Chef ohne individuelle Eigenschaften – das sollte auch niemals Ihr Ziel sein, wenn Sie Führungskraft werden. Das bedeutet, dass Ihr Führungsstil, Ihr Verhalten immer persönlich sein darf. Es ist wichtig, einen bestimmten Kurs zu fahren, Verhaltensweisen und Fähigkeiten zu entwickeln, die Sie für die konzeptionelle Arbeit als Führungskraft brauchen. Der beschriebene 9,9-Führungsstil ist der, der tatsächlich in den meisten Situationen zu den besten Ergebnissen führt, dies wurde in verschiedenen Studien und Untersuchungen nachgewiesen. Eine möglichst hohe Orientierung auf Ihre Mitarbeiter und zugleich auf die Ziele, die Sie mit ihnen erreichen möchten, ist also das Motto, das Ihrer Führungsarbeit zugrunde liegen sollte.

Ob Sie dabei aber besonders humorvoll sind, Ihre Stärke im schnellen Erfassen von Zusammenhängen liegt oder Ihre Mitarbeiter vor allem Ihr Einfühlungsvermögen oder Ihre Durchsetzungsfähigkeit schätzen, das ist die Individualität, die Sie sich erlauben sollten.

Drei Führungskräfte – drei Arten zu führen

Wenn ein Team von mehreren Personen geführt wird, werden unterschiedliche Führungsstile besonders gut sichtbar. Wie etwa bei der „Alpine Leadership Challenge", die ich gemeinsam mit zwei Kollegen, Markus Stockert und Martin Gumpold, jeden Winter in den österreichischen Alpen durchführe. Dabei lernen die Teilnehmer – junge Führungskräfte – drei verschiedene Führungsstile kennen.

Ich als Hauptverantwortlicher habe vor allem das Gesamtprojekt im Auge, fordere die Leute und delegiere viel. Ich führe autonom, lasse dem Team möglichst viel Freiheit und bin als Führungskraft zur Stelle, wenn es notwendig ist. Ansonsten halte ich mich im Hintergrund. Bei Zeitdruck und Risiko wechsle ich den Stil und trete autoritärer auf.

Markus Stockert führt sein Team aufgabenorientiert und arbeitet mit mehr Vorgaben. Martin Gumpold dagegen agiert sehr mitarbeiterorientiert und unterstützend. Er führt stark über seine Beziehung zu den Teilnehmern.

Ich agiere zwar verantwortlich für das Gesamtprojekt, delegiere aber die Leitung von zwei der drei Teams an Markus und Martin. Vor dem Start definieren wir die jeweiligen Verantwortungs- und Entscheidungsbereiche und jedes Mal aufs Neue unser oberstes Ziel: die Sicherheit aller anwesenden Personen – uns eingeschlossen.

Innerhalb des Führungsteams werden bei allen unseren Programmen auch die Leitlinien, Rahmenbedingungen, Meilensteine und die Verteilung von Aufgaben klar abgesteckt wie beispielsweise:

- Wer übernimmt die Teilnehmer mit dem größten Unterstützungsbedarf?
- Wer geht mit dem ersten Team mit?
- Wer übernimmt das Steigeisentraining und wer die Kochunterstützung?

Manche Entscheidungen müssen anlassbezogen und kurzfristig getroffen werden. Wer dreht – um ein Beispiel zu nennen – mit dem an Höhenangst leidenden Teilnehmer um?

Die Verantwortung für solche Entscheidungen liegt in der Regel bei mir. Doch wenn es Zeitdruck gibt, muss jeder für sich entscheiden, was er für richtig hält. Diese Entscheidung wird dann auch während des Prozesses nicht infrage gestellt, um die Autorität der betreffenden Führungskraft nicht zu unterwandern. In der Reflexionsphase kann es manchmal sinnvoll sein, die unterschiedlichen Sichtweisen und Lösungsmöglichkeiten aufzuzeigen.

Wenn wir uns beispielsweise am Klettersteig begegnen, genügt meist ein Blick, um zu erkennen, wo der andere momentan steht. Dann tauschen wir unsere Meinungen über den Prozess aus und wo wir zukünftige Probleme orten.

Unterm Strich ist mir vor allem wichtig, dass wir drei auf einer Linie sind, dasselbe Ziel verfolgen, wertschätzend miteinander und den Teilnehmern umgehen und uns aufeinander verlassen können. Dafür ist es wichtig, dass jeder von uns dreien seine Eigenheiten als Führungskraft leben darf.

Neben der eigenen persönlichen Art zu führen spielen äußere Bedingungen und das Team eine große Rolle bei der Entscheidung für das optimale Führungsverhalten. Darauf geht das *Situational-Leadership-Modell* nach Hersey und Blanchard ein (Hersey 2000; Blanchard 2003). Demnach sind einerseits Wissen und Fähigkeiten eines Mitarbeiters und andererseits dessen Wille zur Eigenverantwortlichkeit entscheidend. Die Führungsarbeit wird bei diesem Modell in vier Phasen untergliedert: Die Führungskraft muss instruieren, trainieren, coachen und delegieren.

Beim **Instruieren** geht es darum, dem Teammitglied einen Überblick über seinen Arbeitsbereich zu verschaffen, Rahmenbedingungen aufzuzeigen, Vision und Ziele zu vermitteln und seine Aufgabe im Detail zu erklären. Außerdem wird eine Beziehung zwischen Führungskraft und Mitarbeiter aufgebaut. Verbindliche Vereinbarungen für die konkreten Aufgaben werden getroffen, die zu einem bestimmten Termin kontrolliert werden können.

In dieser Phase führt die Führungskraft durch Information, damit liegt die Initiative jetzt deutlich bei der Führungskraft. Das drückt sich unter anderem darin aus, dass in Gesprächen die Anteile zwischen Führungskraft und Mitarbeiter bei 75 zu 25 liegen.

In der nächsten Phase, beim **Trainieren**, soll durch die Wiederholung von Abläufen das Wissen der Mitarbeiter verbessert und sollen Freiräume immer weiter erhöht und Zusammenhänge erörtert werden. Eine Evaluation findet gemeinsam statt. Die Führungskraft wird hier zum Trainer – die Gesprächsanteile sind jetzt in etwa gleich groß.

In der Phase des **Coachings** führt die Führungskraft über Fragen zum Klären von Abläufen, Inhalten, Strukturen, Leitlinien und Bedürfnissen. Gemeinsam erarbeiten Führungskraft und Mitarbeiter einen Plan B für Notfälle. Die Führungskraft unterstützt den Mitarbeiter, sobald diese gebraucht wird. Anfänglich wird die Führungskraft die Hilfe aktiv anbieten. In weiterer Folge wird es zu einer Holschuld für den Mitarbeiter.

In der Phase des **Delegierens** schließlich definiert die Führungskraft Ziel, Ergebnis, Meilensteine, Verantwortungsbereiche, Ressourcen und Rahmenbedingungen gemeinsam mit dem Mitarbeiter. Danach gehen Verantwortung und Entscheidungsbefugnis an den Mitarbeiter über, der immer noch die Möglichkeit hat, bei Überforderung auf den vereinbarten Plan B auszuweichen.

Im Situational Leadership wird nicht empfohlen, spontan auf jedwede Situation einzugehen, sondern dass die Führungskraft in diesem Vorgehen strukturiert Prozesse und Entwicklungen begleitet und verstärkt. Sie übergibt mehr und mehr Verantwortung an die Mitarbeiter in einem kontrollierten und schrittweisen Vorgehen (Bild 3.2). Die Orientierung auf den 9,9-Führungsstil mit maximaler *Mitarbeiter- und Aufgabenorientierung* als Ziel sowie ein situativ ausgelegtes und an Entwicklung angepasstes Konzept als Weg sind das beste Vorgehen, um als Führungskraft erfolgreich zu sein.

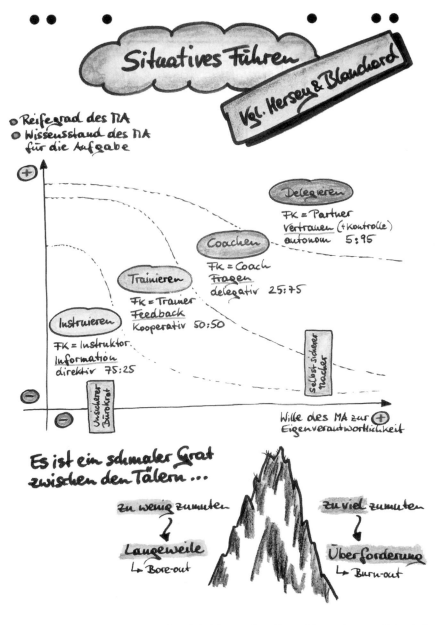

Bild 3.2 Eigenverantwortliche Mitarbeiter sind nicht von einem Tag auf den anderen verfügbar. Jeder Mensch muss Gelegenheit zur Entwicklung bekommen.

■ 3.3 Welcher Führungstyp sind Sie?

Vielleicht haben Sie beim Lesen der letzten Seiten schon erkannt, wo in der Führung Ihre Stärken liegen und welche Bereiche Sie noch entwickeln müssen. Womöglich stellen Sie sich an diesem Punkt auch die Frage, ob es geborene Führungspersonen gibt – und Menschen, die nie eine Führungskraft werden können. Also: Ob es Fähigkeiten gibt, die man „einfach haben muss", um zu führen. Diese Idee ist recht verbreitet. Ich glaube nicht daran.

Manche Menschen sind vielleicht zu Beginn aufgrund ihres Charakters, ihrer Erfahrungen und ihrer Reflektiertheit besser geeignet, die Führung zu übernehmen. Aber jeder kann die Eigenschaften in sich weiterentwickeln, die er für die Führung braucht. Wenn er denn wirklich eine Führungskraft sein will.

Schlechte Führungskräfte gibt es vor allem deshalb, weil manche Menschen nicht bereit sind, sich weiterzuentwickeln, und auch, weil sehr viele Führungskräfte kein Umfeld finden, in dem sie in ihrer Entwicklung gefördert werden. Eine Frage, die Sie sich außerdem stellen sollten, falls Sie sich als Führungskraft sehr unwohl fühlen oder bemerken, dass Sie trotz großer Anstrengung keine Entwicklungsfortschritte machen, ist die folgende: Wollen Sie selbst überhaupt Führungskraft sein? Ein leidenschaftlicher Leithund, der davon träumt, weiter im Geschirr an der Spitze zu laufen, wird nie der Musher sein, der gelassen hinten auf dem Schlitten steht, den Überblick hat und sein Rudel dirigiert (siehe Kapitel 2).

Ansonsten gilt: Keiner wird als Führungskraft geboren und ist damit von Anfang an perfekt. Keiner wird als „Niemals-führen-Könner" geboren und muss resignieren. Das Zauberwort heißt: Entwicklung.

> **Mit Selbstreflexion zum authentischen Führungsstil**
>
> Durch regelmäßige Selbstreflexion können Sie Ihr eigenes Verhalten beleuchten und gegebenenfalls verändern. Eine Fähigkeit, die besonders für junge Führungskräfte eine wertvolle Unterstützung und Bereicherung darstellt.
>
> Folgende Fragen helfen Ihnen, Ihre Rolle als Führungskraft zu klären:
>
> - Was hat mich motiviert, Führungskraft zu werden, beziehungsweise was motiviert mich, Führungskraft zu sein?
> - Welche Funktionen sehe ich für mich als Führungskraft? Sehe ich mich als Vorgesetzter, als Vertrauensperson, Konfliktmanager, Motivator, Ansprechpartner etc. für meine Mitarbeiter?
> - Was sind meine Stärken als Mensch und speziell als Führungskraft?
> - Wie stärke ich ein positives Arbeitsklima?
> - Kann ich wertschätzend mir selbst und meinen Mitarbeitern gegenüber sein?

- Wie schaffe ich es, dass meine Mitarbeiter untereinander gute Beziehungen haben?
- Wie bringe ich meinen Mitarbeitern die Sinnhaftigkeit unserer Arbeit und Visionen/Ziele nahe?
- Bin ich ein positiver Energizer (siehe Kapitel 5)? Was möchte ich in dieser Hinsicht noch entwickeln beziehungsweise stärken?
- Wie kann ich auch die Familien/privaten Beziehungen meiner Mitarbeiter unterstützen?
- Wie sehen mich meine Mitarbeiter/meine Vorgesetzten oder Führungskollegen? Was erzählen sich diese Personen möglicherweise über mich als Führungskraft?
- Wie möchte ich gesehen werden?
- In welchen Situationen bin ich mit meinem Führungsverhalten zufrieden – und in welchen nicht?
- Wie reagieren andere auf mein Führungsverhalten?
- Wann und warum treffe ich notwendige Entscheidungen – und wann oder warum tue ich es nicht?
- Welche Schlüsse ziehe ich aus meiner heutigen Selbstreflexion?

■ 3.4 Führen heißt entscheiden

Als Führungskraft müssen Sie vor allem den Mut haben, zu entscheiden und für Ihre Entscheidungen die Verantwortung zu übernehmen. Es gibt kaum etwas Schlimmeres für ein Team als eine Führungskraft, die keine Entscheidungen treffen will oder kann. Eine solche Apathie der Führungskraft setzt sich nach unten fort und lähmt schließlich alle im Team. Die Folgen eines solchen Verhaltens sind, dass die Menge und die Stärke der Konflikte zwischen den Teammitgliedern so weit zunehmen, dass das Team zerbricht oder eine Person aus dem Team die Führungsfunktion übernimmt und damit Sie als Führungskraft aushebelt.

Wenn ich Berge besteige und Expeditionsgruppen leite, treffe ich ständig Entscheidungen. Wenn irgend möglich, nutze ich das Team für die Entscheidungsfindung. Falls Zeitdruck herrscht, muss ich die Entscheidung rasch und oft auch allein treffen. Diese Entscheidungen betreffen mich selbst und oft auch die gesamte Gruppe, für die ich verantwortlich bin. Nicht selten entsteht dabei in mir ein Widerstreit, den Sie wahrscheinlich auch kennen werden: Vernunft oder Bauchgefühl – worauf hören?

Wenn es ums Entscheiden geht: Der Kampf zwischen Intuition und Ratio

Bei meiner Besteigung des Mount Everest 2001 hatte ich geplant, nach dem Aufstieg vom Gipfel mit dem Snowboard durchs Norton-Couloir abzufahren. Dies ist eine extrem steile Rinne (circa 50 Grad Gefälle) an der nördlichen, tibetischen Seite des Berges. Sie beginnt etwa 150 Meter unter dem Gipfel und reicht bis zum Gletscherboden auf 6.700 Metern.

Am Gipfel schnalle ich das Snowboard an. Nach den ersten Metern zwischen riesigen Wechten und der steil abfallenden Nordwand erreiche ich das hart gefrorene Gipfeleisfeld. Der Sturm bläst mir die abgekratzten Schneekristalle ins Gesicht. Langsam beschleicht mich das Gefühl: Meine geplante Abfahrt durch das Norton-Couloir passt nicht! In mir beginnt ein Kampf zwischen Ratio und Intuition, zwischen Kopf und Bauchgefühl.

Unterhalb des Gipfeldreiecks des Everest am Beginn des Norton-Colouirs auf 8.700 Metern (© Foto: Theo Fritsche).

Während mein Kopf den Plan durchziehen will, widerspricht meine Intuition: „Du bist zu müde vom Aufstieg und völlig ausgelaugt."

Das stimmt: Ist schon der normale Abstieg vom Everest eine extreme körperliche Herausforderung, baut man bei der Abfahrt mit dem Snowboard aus dieser Höhe während ein bis zwei Schwüngen eine so große Sauerstoffschuld auf, dass man völlig erschöpft im Schnee liegt und im wahrsten Sinn des Wortes zehn Minuten lang um sein Leben hechelt.

Dennoch hält der Kopf noch immer dagegen: „Du hast einen Plan, zieh ihn durch!"

Ein Tauziehen.

Die Entscheidung ist plötzlich da, als mein Bauch meinem Kopf die Frage stellt: „Was passiert, wenn du einen Fehler machst?"

Die Antwort des Kopfes: „Dann steht deine Überlebenschance 50 zu 50."

Damit ist für mich die Entscheidung gefällt: Ich wähle die Aufstiegsspur für die weitere Abfahrt. Für eine 50-prozentige Überlebenschance will ich nicht mein Leben riskieren.

Ich schnalle das Board unterhalb der dritten Stufe ab (8.650 Meter), fixiere es auf meinem Rucksack, steige die 30 Höhenmeter wieder zur Abstiegsspur auf und über diese weiter zum Lager ab. Nach einer Nacht auf 8.200 Metern steigen wir weiter ab. Erst ab einer Höhe von 7.600 Metern kann ich das Snowboard wieder durchgängig einsetzen und schwinge – so gut es geht – mit meinem 25 Kilogramm schweren Rucksack am Rücken die Hänge hinunter bis zum vorgeschobenen Basislager.

Freude über den Pulverschnee unterhalb des Nordsattels des Mount Everest auf circa 6.700 Metern (© Foto: Erich Gatt).

Rückblickend war es richtig, in dieser Situation auf mein Bauchgefühl zu hören. Warum?

Die Intuition muss Grundlage für Entscheidungen sein. Denn das Unbewusste greift auf tausendmal mehr Informationen zurück, als sie der Kopf und damit die Ratio zur Verfügung haben. Der Grund: Wir nehmen unbewusst viel mehr Informationen wahr als auf bewusstem Wege. Wenn der Bauch – vor allem am Berg – dem Kopf widerspricht und mir sagt: „Tu das nicht", dann vertraue ich immer meinem Bauchgefühl.

Ideal ist es, wenn Kopf und Bauchgefühl im Einklang sind. Dann fallen Entscheidungen leicht. So geschehen bei einer von mir geleiteten Expedition im Nyanchen Thanglha.

Der Nyanchen Thanglha ist ein etwa 750 Kilometer langes Gebirge in Tibet. Er bildet zusammen mit dem westlich anschließenden Gangdisê-Gebirge den Transhimalaja. Wir haben damals bei einer Expedition bereits zweimal die Besteigung eines Siebentausenders wegen Sturm und Schnee abbrechen müssen. Die Situation: Alle Teilnehmer sind demoralisiert, die Stimmung im Basislager ist kurz vorm Kippen. Ich muss handeln und treffe die Alleinentscheidung, die wie folgt lautet: „Wir akzeptieren das schlechte Wetter, gehen auf den Gipfel und ziehen unser Ding trotz der herrschenden Bedingungen durch. Der Weg ist zwar steil, aber klar vorgegeben, und es gibt keine Gefährdung durch Spalten."

Diese – von Bauch und Kopf getragene – Entscheidung teile ich der Gruppe am Abend mit und stelle anschließend die Frage, wer dabei sein will. Die folgende Diskussion leite ich als Moderator. Das Ergebnis ist, dass sich drei Gruppen bilden, die im Abstand von jeweils zwei Tagen den Gipfel mit dieser Einstellung besteigen wollen. Die erste Gruppe mit vier Bergsteigern leite ich selbst.

Durch unseren Gipfelerfolg erbringen wir den Beweis, dass jener Siebentausender auch bei Schlechtwetter zu besteigen ist, und brechen das Eis. Dadurch konnte ich verhindern, dass die Teilnehmer ihre Motivation verloren oder gar in Frust verfielen.

Auch Sie als Führungskraft im Unternehmen müssen Entscheidungen treffen. Hierbei spielen viele Aspekte eine Rolle. Neben dem beschriebenen Kopf-Bauch-Konflikt können das vielfältige Erwartungen und Anforderungen aus Ihrer Umwelt sein. Auch Ihre eigenen Werte, Ziele und Visionen spielen eine wichtige Rolle bei jeder Ihrer Entscheidungen. Nicht zu unterschätzen ist auch die Rolle der Zeit. Zeit, die Sie sich selbst geben (können), um Entscheidungen sinnvoll abzuwägen oder sich wenn nötig noch Informationen zu holen, die Sie für bestimmte Entscheidungen brauchen. Oft wird an der Zeit gespart, was häufig dazu führt, dass sich dringende Aufgaben permanent vor die wichtigen schieben. Das führt dazu, dass Sie im Tagesgeschäft stecken bleiben, im operativen Geschäft, statt sich mit konzeptionellen Themen auseinanderzusetzen.

Hilfreich ist es hierbei, wenn Sie sich regelmäßig klarmachen, welche Prioritäten die einzelnen Aufgaben tatsächlich haben und welche Basiswerte für Sie gelten. Folgende Kategorien bieten dafür eine sinnvolle Orientierung (Bild 3.3):

- **Wichtig und dringend**: Diese Aufgaben sind diejenigen, die Sie als Führungskraft sofort selbst bearbeiten sollten.

- **Wichtig, aber nicht dringend**: Diese Tätigkeiten müssen von Ihnen selbst erledigt werden, aber nicht sofort. Nehmen Sie diese Aufgaben in Ihre Planung auf. Manche davon sind ständig wiederkehrend und ihre Erledigung ist unverzichtbar für ein gutes Arbeitsergebnis. In diesem Bereich liegt Ihr langfristiger Erfolg begründet, denn Sie können durch das konsequente Abarbeiten wichtiger Aufgaben Entwicklungen aktiv beeinflussen, bevor diese wichtigen Aufgaben auch dringlich werden. Reservieren Sie sich deshalb für diese wichtigen, aber nicht dringlichen Aufgaben ausreichend Zeit!

- **Nicht wichtig, aber dringend**: Delegieren Sie diese Aufgaben an kompetente Mitarbeiter. Tun Sie das sehr konsequent, indem Sie E-Mails weiterleiten und Mitarbeiter fachlich so entwickeln, dass sie große Arbeitspakete selbständig übernehmen können.

- **Weder wichtig noch dringend**: Diese Aufgaben sind definitiv nicht die einer Führungskraft. Verschwenden Sie auf keinen Fall Zeit mit solchen Aufgaben, an denen Sie aus unterschiedlichen Gründen hängen, von deren Erfüllung aber nichts abhängt und die problemlos ein anderes Mitglied Ihres Teams übernehmen kann.

Bild 3.3 Wo liegen Ihre Prioritäten? Reflektieren Sie regelmäßig anhand der dargestellten Kategorien.

■ 3.5 Survival-Tipps, mit denen Sie wirksam führen

- **Schieben Sie Entscheidungen nicht auf.** Verlegen Sie sich nicht aufs Warten und Taktieren, wenn Sie wissen, dass mehr Zeit keine Problemlösung bringen wird. Selbst wenn manche Entscheidungen unpopulär sind oder bestimmte Nachteile mit sich bringen, gilt fast immer: Jede Entscheidung ist besser als keine Entscheidung.

- **Behalten Sie alles im Blick, auch sich selbst.** Der 9,9-Führungsstil und dazu noch die stete Aufmerksamkeit für den aktuellen Entwicklungsstatus innerhalb Ihres Teams sowie auf alle weiteren Begleitumstände und Prozesse – das ist anspruchsvoll. Reservieren Sie sich deshalb regelmäßig Zeit, um Ihr Verhalten und diverse Abläufe zu reflektieren, zu analysieren und gegebenenfalls zu verändern.

- **Konzentrieren Sie sich auf die wichtigen Aufgaben.** Auch wenn es Ihnen schwerfällt, lieb gewordene fachliche Aufgaben und unwichtige Tätigkeiten ad acta zu legen, halten Sie sich keinesfalls damit auf. Als Führungskraft müssen Sie den Überblick bewahren, Entscheidungen treffen und sich dafür auf die konzeptionelle Arbeit fokussieren.

- **Entwickeln Sie Ihre Mitarbeiter.** Das stärkt zum einen deren Motivation und unterstützt zum anderen Sie selbst in Ihrer Führungsarbeit: Wenn Sie alle Ihre Mitarbeiter optimal einsetzen und gezielt in ihren Fähigkeiten fördern, schaffen Sie sich selbst Freiräume für konzeptionelles Arbeiten und für die wichtigen Aufgaben, denen Sie sich als Führungskraft unbedingt widmen sollten.

- **Behalten Sie das Zepter in der Hand und setzen Sie Prioritäten.** Lassen Sie sich nicht durch auftretende dringende Aufgaben oder unaufschiebbare Termine hetzen. Sie leiten das Team. Sie durchdenken Prozesse und legen Prioritäten fest. Sie treffen Entscheidungen und verantworten diese. Falls „Dringendes" Sie permanent von der konzeptionellen Arbeit abhält, ist es Ihre Aufgabe, Abläufe und Prozesse nachhaltig zu verändern, statt dem „Dringenden" immer weiter hinterherzuhasten.

- **Prüfen Sie ab und an Ihre eigene Motivation.** Falls Sie bemerken, dass Sie einfach nicht weiterkommen in Ihrer Entwicklung und sich immer wieder selbst dabei ertappen, dass Sie sich lieber anderen Aufgaben widmen, hinterfragen Sie kritisch, warum Sie Führungskraft geworden sind. Nur mit dem Feuer der intrinsischen Motivation und klaren Visionen werden Sie sich zu einer guten Führungskraft entwickeln können.

■ 3.6 Literatur

Blanchard, Kenneth: *The One Minute Manager.* William Morrow, New York 2003.

Hersey, Paul: *The Situational Leader.* Warner Books, New York 1985.

McKee, Rachel Kelly; Carlson, Bruce: *Mut zum Wandel.* Das Grid-Führungsmodell. Econ Verlag, München 2000.

4 Ein Team entwickeln – die Mannschaft muss dabei sein

Orientierungsübung für eine Gruppe von MBA-Studenten am Dachsteinplateau (© Foto: Stefan Gatt).

Sie haben als neue Führungskraft ein Team übernommen. Ihre Aufgabe: Mit diesen Menschen Ihre Visionen und Ziele fürs Unternehmen umzusetzen. Gleichzeitig sind Sie als Führungskraft dafür verantwortlich, dass sich alle Mitarbeiter im Team persönlich und fachlich weiterentwickeln können. Sie müssen versuchen zu erkennen, wer welche Rolle in dieser Gruppe spielt, für die notwendigen Ressourcen sorgen, mehrere Beziehungen parallel im Blickfeld haben, damit alle in die gleiche Richtung ziehen … kurz: Ein 360-Grad-Blickwinkel ist gefragt. Willkommen in der Teamentwicklung!

 Ein Team kann Berge versetzen

Januar 2012: Das Führungsteam eines großen Dienstleistungsunternehmens steht an einem rauschenden Wildbach. Die Steine am Ufer sind mit einer dünnen Eisglasur überzogen. Der Bach hat an der schmalsten Stelle eine Breite von gut zwei Metern – zu weit für einen großen Schritt und viel zu gefährlich für einen Sprung. Der Grund, warum dieses Team zu dieser Zeit an diesem Ort vor diesem Problem steht, ist, dass ich Wolfgang, den CEO des Unternehmens, schon mehrmals mit unterschiedlichen Führungsteams bei Teamentwicklungsprozessen begleitet habe und er diesen Prozess mit seinem neu gebildeten Team gerne durch mich als externen Coach leiten lassen möchte.

Das Ziel der kommenden drei Tage ist es, sich gegenseitig besser kennenzulernen, Vertrauen zueinander zu entwickeln und das Team bereit zu machen für die Herausforderungen, welche eine Unternehmensfusion in den nächsten Monaten erzeugen wird. Unser kurzfristiges Ziel, eine Hütte, liegt hinter einer verschneiten Wiese auf der anderen Bachseite. Als die Gruppe am Bach eingetroffen ist, entsteht leichtes Chaos. Ich sammle das Team in einem Kreis, beschreibe das Problem, weise auf das Ziel, warne vor der Gefahr, auf den glatten Steinen auszugleiten, und frage, welche Lösungsansätze zur Bachüberquerung vorstellbar sind. Die Ideen sprudeln nur so hervor, zugehört wird kaum. Ein typischer Beginn einer Teamentwicklung. Immer wieder bringe ich durch das wiederholte Zusammenfassen der Ideen Ruhe in die Gruppe. Nach einer halben Stunde hat die Idee mit der Brücke aus drei Stämmen, welche mit Steinen an den Ufern verklemmt werden, die meisten Befürworter bekommen. 20 Minuten später sind drei umgestürzte Stämme aus dem Wald geholt, auf die richtige Länge gekürzt und über den Bach gelegt. Ich instruiere die Mitstreiter, dass sie sich von beiden Seiten der Brücke mit den Händen unterstützen sollen. Dadurch fühlen sich auch die ängstlichen Teammitglieder sicher genug, das eiskalte, gurgelnde Wasser zu überqueren.

Die Aluwanne mit der Verpflegung gelangt ebenfalls ohne Komplikationen über das Hindernis hinweg. In der Dunkelheit stapfen wir über die steile Wiese und ziehen unsere kostbare Last hinauf zur Hütte. Einige Teilnehmer sind müde, andere sprühen noch vor Energie. Letztere werden von mir mit weiteren Aufgaben betraut. Schon bald knistert ein lustiges Feuer im Ofen, Wärme beginnt sich langsam auszubreiten. Kerzen werden entzündet, ein Aperitif und Knabbergebäck gereicht, während in der Küche emsig gekocht wird. Eine wohlige Atmosphäre breitet sich in der Hütte aus. Servietten werden gefaltet, der Tisch wird gedeckt, eine Weinflasche entkorkt. Die heiße Suppe dampft in den Tellern, ein zufriedenes Lächeln ist auf allen Gesichtern des Teams erkennbar. Die Antworten auf meine Frage: „Was hast du beziehungsweise was haben Einzelne des Teams und was habt ihr gemeinsam dazu beigetragen, dass ihr jetzt hier sitzt und lächeln könnt?", füllen den restlichen Abend.

Der nächste Morgen beginnt mit einem reichhaltigen Frühstück. Danach fordere ich Wolfgang mit einer Aufgabe, bei der er sein Team zu einem Ziel führen soll, obwohl er so wie alle anderen eine Augenbinde trägt. In der kurzen Vorbereitungszeit setzt die Führungskraft die gestrige Problemlösungsstrategie gleich um und definiert zusammen mit seinem Team eine klare Strategie. Nach einigen Adaptierungen der Strategie und Verbesserungen in der Kommunikation schafft es das Team, das Ziel zu erreichen. Bei der anschließenden Reflexion fokussiere ich auf die Stärken und Entwicklungspotenziale im Team. Dabei wird unter anderem klar, dass die Kommunikation, die Zusammenarbeit und das Vertrauen seit der Bachüberquerung deutlich besser geworden sind, aber noch effizienter und stabiler werden sollten.

Für mich als Coach gibt der Inhalt dieser Reflexion die weitere Vorgehensweise vor. Zu Beginn wähle ich nochmals eine Übung zu den genannten Themen: Das Spider's Web ist ein überdimensionales, aus Schnüren geknüpftes Netz, welches ohne Berühren der Seile von jedem Einzelnen durchquert werden soll. Wolfgang führt das Team mit viel Empathie, Wertschätzung und Präzision. Nach jedem Zwischenerfolg wird gefeiert. Es entsteht eine Atmosphäre, die das Team zur Höchstform auflaufen lässt. Bei der anschließenden Reflexionsfrage „Welche Erkenntnisse und welche Strategien wollt ihr aus der letzten Übung in euren Arbeitsalltag übertragen?" sammelt das Team Faktoren, die genau diese Atmosphäre ermöglicht haben: Vertrauen, Wertschätzung, Feiern von Erfolgen, klare Aufgabenverteilung, Commitment ...

Das Spider's Web – eine großartige, erlebnisorientierte Übung zu den Themen Kooperation, Kommunikation, Qualität und Vertrauen (© Foto: Stefan Gatt).

Schließlich packen wir unsere sieben Sachen und machen uns auf den Weg zum Pass. Die Wegstrecke nutzen wir für eine „Feedbackwanderung". Jeder hat mit jedem sechs Minuten lang Zeit, ein klar strukturiertes Feedbackgespräch zu führen. Dadurch lösen sich alte Ressentiments auf, falsche Vorannahmen werden berichtigt und unpassende Bilder vom Gegenüber ausgeräumt. Nach einer guten Stunde ist der Pass überwunden und die Gruppe bereit für die abschließende Übung: den „Beam". Das gesamte Team soll einen horizontalen Baumstamm in etwa drei Metern Höhe überwinden. Wolfgang, den CEO, ziehe ich ein wenig beiseite, um ihm die Lösungskompetenz seines Teams vor Augen zu führen, ihm Feedback zu geben und mit ihm die weitere Vorgehensweise abzustimmen.

Als wir zwei Stunden später in der Dämmerung das Hotel erreichen, sind alle überglücklich. Nach zwei Stunden Entspannungszeit gibt es nochmals eine kurze Reflexionsrunde mit Rückblicken auf die letzten zwei Tage. Den Fokus lege ich auf Regeln, Vereinbarungen und Maßnahmen, die sich in den letzten beiden Tagen bewährt haben und welche in ihren Arbeitsalltag übertragbar sind. Danach gehen wir zum Abendessen und vertiefen die Gespräche auf informeller Ebene an der Bar.

Der dritte Tag steht ganz im Zeichen des Transfers des Gelernten in den Arbeitsalltag und der strategischen Ausrichtung des Unternehmens im nächsten Jahr. Meine Funktion wechselt nun endgültig von der Leitung zum moderierenden Coach, und Wolfgang übernimmt die Leitung. Durch die Basis von Wertschätzung und Vertrauen, die in den ersten beiden Tagen geschaffen wurde, herrscht eine Atmosphäre, die ein reibungsloses inhaltliches Arbeiten möglich macht. Im Team herrscht die Gewissheit, dass sich jeder auf jeden blind verlassen kann und dass es keine Herausforderung gibt, welche nicht schaffbar ist. Die Maßnahmenpläne sind rasch erstellt, Verantwortlichkeiten schnell geklärt, Vereinbarungen für ein effizientes Miteinander entstehen wie von selbst.   ■

Ob in meinen Coachings, bei Touren am Berg oder in anderen Lebensbereichen, immer wieder erlebe ich: Das Futter für erfolgreiche Beziehungen – egal ob im Team, in Freundschaften oder bei Paaren – sind Vertrauen und eine wertschätzende Atmosphäre. Dieses Vertrauen und die nötige unterstützende Kommunikation aufzubauen und am Leben zu erhalten, ist in der Teamentwicklung eine Ihrer wichtigsten Aufgaben als Führungskraft, denn es ist die Grundlage für Bindung beziehungsweise Kohäsion zwischen Menschen.

■ 4.1 Die verschiedenen Rollen von Menschen in Teams

Als Führungskraft setzen Sie durch Ihren Führungsstil die „Standards". Sie definieren das Miteinander entscheidend. Das ist heute wichtiger als jemals zuvor, denn in modernen Unternehmen hat zeitgemäße Führung einen sehr hohen Stellenwert. Es gibt meist flache und flexible Hierarchien, die sich am aktuellen Bedarf orientieren und nicht an Positionen und alten Festschreibungen. Positive Leadership spielt eine große Rolle. Eine Führungskraft fördert in modernen Unternehmen die Mitarbeiter, statt ihnen Anweisungen zu geben und deren Ausführung zu kontrollieren. Jeder im Team wird als motivierter Mensch mit seinen persönlichen Stärken wahrgenommen, der sich einbringen will. Jeder Einzelne wird gesehen und in seiner Persönlichkeit gefördert. Das mag manchem utopisch erscheinen, und viele zweifeln am Erfolg des Positive Leadership. Doch Unternehmen, die ihren Mitarbeitern auf diese Art begegnen, sind langfristig die erfolgreicheren.

Die Gründe dafür liegen auf der Hand. Jeder Mensch hat die Sehnsucht, wahrgenommen und wertgeschätzt zu werden. Ob Kleinkind oder Erwachsener, ob privat, in der Schule, im Studium oder im Beruf: Wenn uns das Gegenüber wahrnimmt, fassen wir Vertrauen und werden auch die Aufgaben gern und motiviert angehen. Sogar jene, die schwierig, anstrengend oder unangenehm sind. Zwang und Sanktionen dagegen vermitteln uns, dass wir unwichtig und wertlos sind – keine Basis, um sich selbst zu Höchstleistungen zu motivieren.

Ein weiteres Argument für eine moderne Art der Führung: Wir leben in einer Zeit, in der unsere Welt so komplex geworden ist, dass wir flexible Strukturen in Organisationen und Unternehmen brauchen, die rasch verändert und an neue Umstände und Entwicklungen angepasst werden können ... Ein „Oben – Unten", starr definierte Hierarchien, all das funktioniert nicht mehr in einer globalen, vernetzten Welt, in der jederzeit jeder mit jedem kommunizieren kann. Ziel ist es, andere Menschen immer besser zu verstehen und miteinander zu arbeiten, statt übereinander zu verfügen.

4.1.1 Es beginnt alles bei Ihnen

Je besser Sie Ihre eigene Persönlichkeit entwickelt haben, je genauer Sie Ihre Stärken kennen, je tiefer Sie sich bereits mit Ihren Schattenseiten auseinandergesetzt haben und je klarer Sie um Ihre blinden Flecken wissen, desto besser werden Sie andere Menschen führen können. Denn Sie geben durch Ihre Art, wie Sie mit sich selbst, mit anderen und den äußeren Anforderungen umgehen, den Standard vor. Eine Führungskraft, die ein positiver Energizer ist, ist erfolgreicher (siehe Kapitel 5). Als Führungskraft sollten Sie selbst ein positiver Energizer sein und in dieser Rolle die Stärken der Mitarbeiter in Ihrem Team erkennen und fördern. Das ist weitaus wichtiger, als ihre Schwächen zu erkennen und zu versuchen, diese zu korrigieren.

Außerdem zeigt sich durch Ihre Art der Kommunikation mit Ihrem Team, ebenso wie durch die Ihrer Teammitglieder untereinander, wie erfolgreich Sie sein werden. Gelingt es Ihnen, eine wertschätzende und unterstützende Sprache miteinander aufzubauen, wird Ihr Team Höchstleistungen erbringen. Der Psychologe John Gottman hat durch Studien belegen können, dass Beziehungen florieren, in denen auf eine negative Aussage wenigstens drei positive Aussagen kommen. Wenn dieser Quotient dauerhaft unter 1 : 3 sinkt, scheitern Beziehungen langfristig (Gottman 2014). Es hat sich inzwischen bestätigt, dass das nicht – wie von Gottman erforscht – nur auf Paare zutrifft, sondern auf sämtliche menschliche Beziehungen. Positive Aussagen drücken Wertschätzung, Unterstützung, Hilfsbereitschaft, Zustimmung und Komplimente aus. Hingegen zeigen sich negative Aussagen durch Zynismus, Kritik, Unzufriedenheit, Meinungsverschiedenheiten oder Missbilligung.

4.1.2 Erkennen Sie die Menschen in Ihrem Team

Um eine gute Führungskraft zu werden, die Menschen in deren Entwicklung unterstützt und sie in einem Team zusammenhält, brauchen Sie einen achtsamen, aufmerksamen Blick auf Ihr Team. Ein Team ist nicht nur eine beliebige Ansammlung von Menschen. Sondern es ist eine Gemeinschaft, die lebendig ist. Wie ein Organismus, eine Pflanze, ein lebendiges Wesen, das in die eine oder andere Richtung wächst, das sich ständig verändert. Nicht nur in die gewünschte Richtung. Sie müssen permanent dranbleiben,

Entwicklungsprozesse anstoßen und dafür Sorge tragen, dass diese in die gewünschte Richtung weiterlaufen.

Sie haben dabei die Aufgabe, das bestehende Team kennenzulernen und es zu entwickeln: Wer besetzt welche Rolle in der Gruppe? Wie gehen Sie als Führungskraft damit um? Welche Mitarbeiter suchen noch nach dem optimalen Platz in der Gruppe? Welche fehlen vielleicht noch gänzlich in Ihrem Team?

Mit den Rollen der einzelnen Mitglieder in einem Team haben sich zahlreiche Experten in der Sozial- und Wirtschaftsforschung befasst, so auch der Brite Raymond Meredith Belbin. Er definierte bei seinen Untersuchungen in den 1970er-Jahren zuerst acht Rollen, die in jedem Team einen Platz haben. Später ergänzte er eine neunte Rolle.

 www.belbin.de

Belbin befragte dazu die Mitarbeiter selbst und ließ sie dann auch noch von anderen Menschen einschätzen. Anhand ihrer Verhaltensweisen entwickelte er folgende Rollenprofile für die einzelnen Teammitglieder, welche in drei Gruppen gegliedert werden können:

Aktionsrollen:

1. *Macher (Shaper):* Treibt mutig an, ist aktiv und hält das Team in Bewegung.

2. *Umsetzer (Implementer):* Wenn es darum geht, Beschlossenes in die Realität zu bringen, ist er zuverlässig und effektiv zur Stelle.

3. *Perfektionist (Completer or Finisher):* Sein Ziel ist es, alle Fehler auszumerzen und ein optimales Ergebnis zu erreichen.

Soziale Rollen:

4. *Koordinator (Coordinator):* Er ist geschickt darin, Aufgaben im Team sinnvoll genau den Menschen zuzuordnen, die am besten dafür geeignet sind.

5. *Teamarbeiter (Teamworker):* Hilfsbereit und kooperativ arbeitet er fleißig und sorgt dafür, dass es im Team reibungslos vorangeht.

6. *Wegbereiter oder Weichensteller (Ressource Investigator):* Er organisiert hilfreiche Kontakte, die gerade gebraucht werden, ist kommunikativ, extrovertiert – der gute Draht nach außen, wenn das Team sich gerade im Kreis dreht.

Intellektuelle Rollen:

7. *Neuerer oder Erfinder (Plant):* Der Kreative, der die neuen Ideen einbringt und unkonventionell denkt.

8. *Beobachter (Monitor Evaluator)*: Derjenige, der den kritischen objektiven Blick auf alles behält und nüchtern abwägt, welche Optionen für das Team bestehen.

9. *Spezialist (Specialist)*: Er liefert engagiert und professionell tief gehendes Fachwissen.

4.1.3 Vielfalt als Schlüssel zum Erfolg

Neben verschiedenen charakterlichen Voraussetzungen, die Ihre Mitarbeiter im Idealfall mitbringen, beeinflussen auch soziale Hintergründe der einzelnen Mitglieder die Qualität einer Gruppe. Sie haben die Chance, durch eine bewusste Auswahl möglichst unterschiedlicher Mitglieder Ihr Team optimal aufzubauen. Je heterogener Ihr Team ist, umso erfolgreicher wird es sein, sofern Sie es als Führungskraft schaffen, das Vertrauen und die Kohäsion im Team herzustellen und zu erhalten. Teams, die aus sehr unterschiedlichen Menschen bestehen, sind besonders erfolgreich.

Frauen – vor allem in mittleren Führungspositionen – erhöhen nachweislich den Erfolg im Unternehmen (Noland/Moran/Kotschwar 2016). Sie bringen viele Qualitäten mit, die im vernetzten Denken der heutigen Zeit wesentlich sind. In einem geschlechtergemischten Team ergänzen sich außerdem die typischerweise als maskulin oder feminin standardisierten Eigenschaften aller Beteiligten optimal, die in geschlechterhomogenen Teams eine hinderliche Dynamik entwickeln können.

Auch eine Mischung von Alt und Jung ist sinnvoll. Jüngere Menschen (Jahrgänge ab den frühen 1980er-Jahren, die sogenannte Generation Y) sind besonders stark an einem beruflichen Umfeld mit flachen Hierarchien und modernen Führungsideen interessiert (Schmidt 2016, S. 21). Ältere wiederum bringen Erfahrungen mit, die Jüngere nicht haben können, weil sie allein zeitlich noch nicht die Möglichkeit gehabt haben, zahlreiche verschiedene Arbeitgeber und berufliche, aber auch persönliche Situationen kennenzulernen. Zudem agieren ältere Mitarbeiter oft gelassener – ebenfalls aufgrund ihrer Erfahrungen.

Wenn Sie es als Führungskraft also schaffen, das Vertrauen und die Kohäsion im Team herzustellen und zu erhalten, ist Heterogenität Trumpf: In besonders erfolgreichen Teams arbeiten Menschen unterschiedlicher Ethnien, Biografien und Lebenshintergründe zusammen. Der Grund: Sie denken unterschiedlich. Dadurch ergänzen sie einander, und in verschiedenen Situationen stehen mehr Lösungsstrategien und Ideen zur Verfügung als in Teams, die sehr homogen sind und in denen alle Mitarbeiter eher ähnliche Ideen entwickeln.

■ 4.2 Entwicklungsphasen und Gruppenphänomene in Teams

Jedes Team funktioniert und lebt individuell. Gleichzeitig gibt es grundlegende Entwicklungsphasen und Phänomene, die in jedem Team auftreten, wenn auch unterschiedlich stark. Diese Aspekte zu kennen hilft Ihnen, als Führungskraft klug und angemessen zu agieren, indem Sie auftretende Phänomene richtig einschätzen und lenken können.

4.2.1 Die Phasen der Teamentwicklung

Mitte der 1960er-Jahre entwickelte der US-amerikanische Psychologe Bruce Tuckman ein Modell der Teamentwicklung, das in seinen Grundzügen noch heute gilt. Laut diesem Modell durchläuft ein Team die Phasen Formierung, Konflikte, Normierung, Effizienz und Auflösung beziehungsweise Abschluss (Kreher 2011). Bei jeder personellen Änderung im Team durchläuft das Team einen ähnlichen Prozess von Anbeginn an – also auch, wenn Sie es als Führungskraft neu übernehmen.

In jeder dieser Phasen ergeben sich spezifische Aufgaben für Sie als Führungskraft, die Sie wahrnehmen müssen, um Ihr Team in dessen Entwicklung zu unterstützen. Falls die Führungskraft diese Aufgaben nicht wahrnimmt und diese auch durch kein Teammitglied übernommen werden, wird das Team daran scheitern.

In der **Formierungsphase** finden die Teammitglieder ihren eigenen Platz. Dabei muss die Führungskraft ausreichende Informationen geben, für Klarheit sorgen, einen sicheren Rahmen zur Verfügung stellen – dessen Grenzen sie gleichzeitig deutlich absteckt – und sich als Führungskraft positionieren.

In der **Konfliktphase** werden vermehrt Auseinandersetzungen miteinander ausgetragen. Jetzt ist die Führungskraft gefordert, das Team durch moderierende Kompetenzen zu unterstützen, dabei wird die Basis für die Konfliktkultur im Team gelegt. In heterogenen Teams ist es in dieser Phase besonders wichtig, die Unterschiede zwischen den Einzelnen und die Vorteile dieser Vielfalt willkommen zu heißen. Falls das Team konfliktscheu agiert, ist es die Aufgabe der Führungskraft, zu konfrontieren, Unstimmigkeiten anzusprechen und diese nicht unter den Teppich zu kehren. Schafft es die Führungskraft nicht, die wesentlichen Konflikte und Themen anzusprechen und durch wertschätzende, unterstützende Kommunikation untereinander zu lösen, werden diese das Team daran hindern, wirklich effizient zu werden, und zu späteren Zeitpunkten wiederholt auftauchen, bis sie schließlich geklärt sind.

Die **Normierungsphase** dient zur Klärung von Prozessen, von Abläufen, von Entscheidungsbefugnissen und Kompetenzen.

Sobald die für das Team notwendige Klarheit vorhanden ist, wird es in die Arbeits- und **Effizienzphase** kommen, in der die Vorteile des Teams offensichtlich werden. Wenn in der zweiten Phase eine gute Konfliktkultur entwickelt wurde, kann das Team auch Krisen als Chance nutzen.

Die Aufgaben der Führungskraft in der **Auflösungsphase** sind es, die Erfolge des Teams nochmals sichtbar zu machen, Abschied zu nehmen, Projekte abzuschließen und das Restteam neu auszurichten (Titscher/Stamm 2006; Bild 4.1).

Bild 4.1 Für Sie als Führungskraft variieren die Schwerpunkte Ihrer Tätigkeit – je nachdem, in welcher Entwicklungsphase sich das Team befindet. Stefan Titscher und Markus Stamm haben das Modell von Tuckman in einem Kreislauf mit Rückfallmöglichkeiten dargestellt.

Gerade in der ersten Phase mit Ihrem Team stellen Sie Weichen für die weitere Teamentwicklung und stoßen Prozesse an, deren spätere Korrektur sehr aufwendig wäre. Deshalb ist es jetzt sinnvoll, ausreichend Zeit und Aufmerksamkeit zu investieren, um Ihre Mitarbeiter kennenzulernen und individuelle Beziehungen zu jedem einzelnen aufzubauen. Hierbei sind folgende Aspekte wichtig:

- Verschaffen Sie sich möglichst rasch einen ersten Eindruck von den Menschen in Ihrem Team, indem Sie ein Treffen mit allen Mitarbeitern arrangieren. Hier stellen Sie sich als Mensch und als Führungskraft vor. Sprechen Sie über Ihren Werdegang, Ihre Stärken, Ihre Ideen, Ihre Vision und Ihre Ziele, sodass die Mitarbeiter ein Gefühl dafür bekommen, wer Sie sind. Im nächsten Schritt sollten Sie Ihre Mitarbeiter fragen, woher sie kommen, was ihre Stärken sind, was sie von Ihnen erwarten und welche Ideen sie für die Zusammenarbeit haben. Investieren Sie in die Vorbereitung dieses Meetings viel Energie und Zeit. Sie legen damit die Basis für die gesamte weitere Zusammenarbeit. Legen Sie hier auch den Grundstein für die positive Energie, die in Ihrem Team vorherrschend sein soll.

- Definieren Sie gemeinsam mit jedem Mitarbeiter, welche Aufgaben er im Team bisher offiziell hat und welche er für sich sieht. Das mag banal klingen, aber nicht immer ist das identisch. Manchmal liegen die definierten Aufgaben weit entfernt von denen, die der Mitarbeiter tatsächlich wahrnimmt. Bei einer Teamübernahme haben Sie die Gelegenheit, diese Diskrepanz festzustellen und auszuräumen, indem Aufgaben und Rollen neu definiert werden. Das sollte wiederum im Zusammenspiel mit dem gesamten Team stattfinden und im Hinblick auf die Stärken der einzelnen Mitarbeiter. Seien Sie hier bereits sensibel in der Wahrnehmung von Personen, die energetisierend auf die anderen wirken.

- Bauen Sie zusätzlich in Einzelgesprächen persönliche Beziehungen zu jedem Ihrer Mitarbeiter auf. Versuchen Sie dabei zu erkennen, welche fachlichen und sozialen Kompetenzen der betreffende Mitarbeiter mitbringt, welche noch entwickelt werden können und welche Rolle er im Team hat. Hören Sie besonders gut zu, wenn es darum geht, welche Motivation Ihr Mitarbeiter hat, in Ihrem Team tätig zu sein. Erarbeiten Sie auch mit Ihrem Mitarbeiter, wie er mit anderen kommuniziert. Gehört er zu den positiven Energizern oder zu den „black holes" oder liegt er zwischen den beiden Polen? Positive Energizer sind Menschen, die motivierend und unterstützend sind und eine positive Einstellung mitbringen, „black holes" entsprechen eher dem Gegenteil (Cameron 2012).

- Fragen Sie sich, wie jeder Mitarbeiter geführt werden möchte: Ist ihm die Beziehung zu Ihnen als Führungskraft am wichtigsten? Oder möchte er vor allem via Aufgabe mit Ihnen kommunizieren? Passen Sie Ihre Führung individuell an.

- Passen Sie auch den Ansatz des Situational Leadership (nach Hersey und Blanchard) auf die individuelle Situation und die jeweilige Person an: Ein Mitarbeiter, der selbst ungern entscheidet, braucht eine längere Instruktionsphase, die auch in Veränderungssituationen wiederholt werden muss. Bei einem entscheidungssicheren Mitarbeiter, der gern selbständig arbeitet, sollten Sie dagegen diese Phase verkürzen, damit er möglichst schnell eigenverantwortlich tätig sein kann, denn alles andere würde ihn demotivieren.

4.2.2 Gruppendynamik im Team erkennen – und damit umgehen lernen

In den 1970er-Jahren wurde in Österreich sehr viel zur Gruppendynamik geforscht. Raoul Schindler entwickelte das Rangdynamikmodell (Bild 4.2), das neben dem Modell der Teamphasen von Bruce Tuckman zu einem der beiden wesentlichen Theoriemodelle für die Dynamik von Teams wurde.

Schindler definiert vier Ränge in Gruppen, die sofort dynamisch besetzt werden, also jederzeit auch verändert werden können: Alpha führt das Team und wird dabei von Beta beraten. Als Führungskraft müssen Sie eine dieser beiden Positionen im Team besetzen. Entweder direkt als Alpha oder indirekt als Beta, der den Teamleiter beratend führt. Die Gammas folgen Alpha, vor allem dann, wenn Alpha einige ihrer Wünsche und Ziele erfüllt und sie von der Zusammenarbeit und dem tieferen Sinn der Aufgabe überzeugen kann.

Die Position des Omegas ist meist eine undankbare Position in Gruppen. In dieser Position erkennt man die Schwachpunkte des Teams, spricht verdrängte Anteile der Gruppe an, legt meist den Daumen auf die Wunde, indem man Probleme anspricht, die das Team gern verdrängen möchte. Diese Funktion kann man in verschiedenen Rollen ausleben: als Querulant, Besserwisser, Querdenker, Sturkopf, ewig Unzufriedener ...

Als Führungskraft müssen Sie zwei Dinge für den Umgang mit Omegas im Team wissen:

- Achten Sie auf den Inhalt seiner Wortmeldungen und nicht auf die Art und Weise, in der er sie formuliert (das passiert manchmal sozial ungeschickt). Omegas sind eine wertvolle Ressource fürs Team. Schauen Sie auf die Stärken dieser Person und bleiben Sie wertschätzend.

- Sie werden immer einen „Omega" im Team haben. Selbst wenn Sie einen definieren und aus dem Team entfernen würden – es wird einen neuen geben. Omega verkörpert eine Funktion, die in Teams existiert und wahrgenommen wird. Es geht darum, die Qualität zu erkennen und zu nutzen.

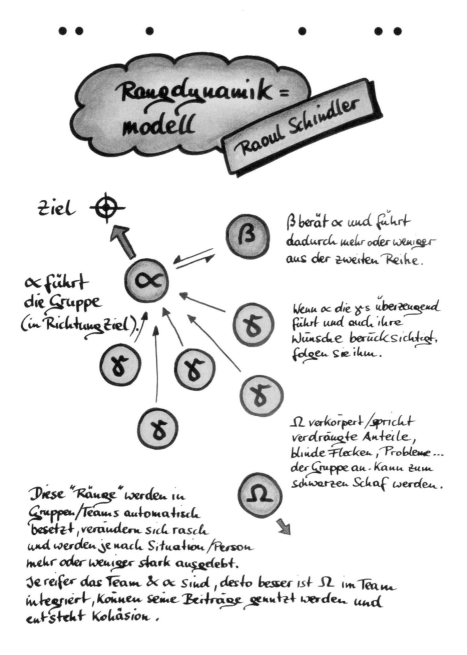

Bild 4.2 Wie gut ein Team funktioniert, zeigt sich nicht zuletzt darin, dass alle Mitglieder gut einge-bunden bleiben und sich keine definierten Außenseiterrollen herausbilden (Schindler 2014).

4.2.3 Gruppenphänomene erkennen und lenken

Unter dem Begriff „Groupthink" nach Irving Janis (1982) bezeichnet man Phänomene, die in Teams auftreten, deren Zusammenhalt (Kohäsion) sehr hoch erlebt wird. Dabei geht es um Entscheidungen in Gruppen, welche die Einzelperson als Individuum so nie getroffen hätte. Als Führungskraft müssen Sie diese Phänomene kennen, um wenn nötig mit ihnen zu agieren oder sie sinnvoll auszuhebeln (Bild 4.3).

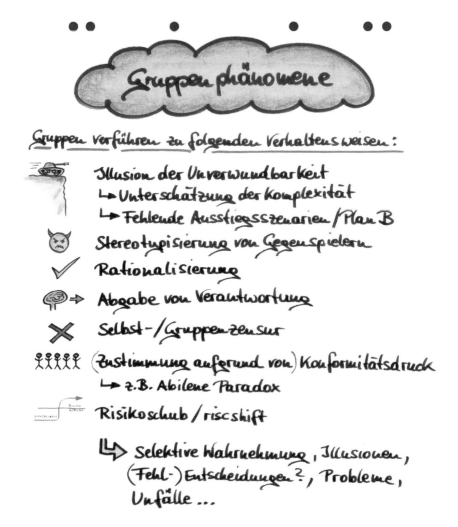

Bild 4.3 Als Führungskraft müssen Sie stets gewärtig sein, dass individuelle Verhaltensweisen einzelner Mitarbeiter im Team anders zum Tragen kommen als in Einzelaktionen.

Folgende Phänomene können auftreten:

Die Illusion der Unverwundbarkeit: Vor allem direkt vor oder nach einem Erfolg kann ein Gefühl der Unverletzlichkeit entstehen, wodurch das Team die Komplexität der aktuellen oder anstehenden Aufgabe unterschätzt. Weder Ausstiegsszenarien noch ein Plan B werden angedacht, Risiken unterschätzt beziehungsweise gar nicht gesehen. Kurz: Das Team ruht sich auf seinen Lorbeeren aus.

Stereotypisierung von Gegenspielern: Der Verlauf des Zweiten Irakkrieges, dessen Beginn im Nachhinein als große Fehlentscheidung gewertet wird, wurde seitens der USA durch eine Stereotypisierung des Gegenspielers verursacht.

Rationalisierung: Selbst wenn man spürt, dass man falsche Entscheidungen getroffen hat, werden diese beschönigt, unangenehme Gefühle werden ausgeblendet. Statt die nötigen Konsequenzen zu ziehen, stürmt das Team so weiter in die falsche Richtung.

Abgabe von Verantwortung: Der Klassiker in der Lawinenforschung. Nach dem Abgang einer Lawine werden die Skifahrer (bei diesem Beispiel ist nicht relevant, ob hier Menschen verschüttet oder getötet wurden) befragt, welche die Lawine ausgelöst haben. Person eins: „Ich hatte schon ein schlechtes Gefühl, weil der Hang so steil war. Ich dachte mir aber, dass der Sepp das schon einschätzen kann, weil der ja schon jahrzehntelang in die Berg' unterwegs ist."

Person zwei: „Ich wollte den Hang gar nicht fahren, hatte aber gar keine andere Wahl."

Person drei: „Ein mulmiges Gefühl hatte ich zu Beginn, dachte mir aber, dass die anderen es schon wissen werden, wo wir runterfahren."

Person vier (Sepp): „Steil war er schon, der Hang, aber die anderen sind ja auch dafür gewesen, dass wir fahren."

Dieses Phänomen basiert darauf, dass die Teammitglieder die Verantwortung für sich selbst und die Gruppe an einzelne Personen oder die Gruppe abgeben und deshalb Fehlentscheidungen getroffen werden.

Selbst- und Gruppenzensur: Der Einfluss einer starken Gruppe kann dazu führen, dass der Einzelne seine Zweifel nicht äußert, sondern unterdrückt und leugnet. Sein Schweigen wird dann als Zustimmung gewertet. Außerdem kann die Meinung einzelner Mitglieder auch durch die Gruppe zensiert und abgewertet werden: „Ach, das ist wieder typisch, dass der Peter dagegen ist."

Zustimmung aufgrund von Konformitätsdruck: Das Konformitätsexperiment von Solomon Asch (1955) beweist, wie stark wir durch die Meinung einer Gruppe in unserer Meinung beziehungsweise im Ausdruck von dieser beeinflusst werden. Dabei wies Asch den Gruppendruck auf das Individuum nach, der das Individuum dazu verführt, eine Falschaussage zu tätigen, um der Gruppenmeinung nicht zu widersprechen.

Jerry Harvey untersuchte ein ähnliches Phänomen und beschrieb es mit dem Begriff „Abilene Paradox" (Harvey 1988). Dabei geht es um die Beweggründe, im Gruppenkollektiv eine Entscheidung zu treffen, welche die einzelne Person der Gruppe für sich so nie getroffen hätte.

Risikoschub: Gruppen entscheiden im Allgemeinen risikofreudiger als Einzelpersonen, da durch die Verantwortungsdiffusion die Zuständigkeit für eine Fehlentscheidung nicht bei sich selbst, sondern in der Gruppe oder bei anderen Teammitgliedern (oft der Führungskraft) gesehen wird.

Es gibt verschiedene Möglichkeiten, die Wirkung der verschiedenen Gruppenphänomene zu reduzieren oder gezielt zu nutzen. Dazu gehören die folgenden:

■ Das Prinzip der Letztverantwortung besagt, dass die endgültige Entscheidung die für diesen Bereich am besten ausgebildete Person trifft. Dadurch dass die Verantwortung an eine Person gebunden wird, verlieren die Gruppenphänomene, die die Eigenverantwortung unterlaufen, ihre Wirkung.

■ Das direkte Zuweisen von Verantwortungsbereichen hebelt die Verantwortungsdiffusion ebenfalls erfolgreich aus. Vereinbaren Sie mit Ihren Mitarbeitern konkrete Verantwortungsbereiche, in denen sie Entscheidungskompetenz haben und die sie damit auch selbst verantworten.

Ich nutze in meiner Arbeit am Berg die Regel „**Höheres Sicherheitsbedürfnis gilt**". Wenn einer meiner Teilnehmer am Berg umkehren will, weil er sich unsicher fühlt, werte ich das als wichtiges Feedback und hinterfrage die getroffene Entscheidung nochmals kritisch. Wenn in diesem Prozess Unklarheiten auftreten oder einige der genannten Gruppenphänomene entlarvt werden, wird abgebrochen. Möglicherweise haben wir durch diese Regel schon Unfälle vermieden.

Ein Teammitglied übernimmt die Funktion des **Advocatus Diaboli**, stellt kritische Fragen, beleuchtet unbeachtete Seiten eines Problems. Dies wäre beispielsweise eine ideale Aufgabe für eine Person, die nach dem Rangdynamikmodell von Schindler immer wieder die Omega-Position im Team einnimmt. Mit dieser offiziellen Funktion könnte man dieses Teammitglied besser integrieren, weil man seinen Widerstand mehr aus der Funktion und weniger aus der Rangdynamik wahrnehmen würde.

Den Effekt des beschriebenen Risikoschubs müssen Sie als Führungskraft bei Gemeinschaftsentscheidungen in dem Sinne berücksichtigen, dass Sie für sich kritisch hinterfragen, ob Sie das durch Gruppenentscheidung eingegangene Risiko tatsächlich angemessen gewürdigt sehen oder Entscheidungen neu diskutiert werden müssen. Bei Veränderungsprozessen und für Innovationen können Sie diesen Effekt jedoch gezielt nutzen, weil Ihr Team so den nötigen Schwung bekommt, sich für eine Veränderung auszusprechen, zu der den einzelnen Mitgliedern eventuell der Mut gefehlt hätte.

■ 4.3 Die Werkzeuge für eine erfolgreiche Teamentwicklung

Sie haben Ihr Team kennengelernt, mögliche Gruppenphänomene erkannt und konstruktiv gebahnt. Um Ihr Team erfolgreich zu führen, zu entwickeln und mit ihm Ihre Ziele zu erreichen, stehen Ihnen einige „Werkzeuge" zur Verfügung. Dazu gehören:

- Vertrauen schaffen,
- Motivation wecken,
- Vorbildwirkung zeigen,
- Teamkultur leben,
- positive Energie und Kommunikation etablieren (siehe Kapitel 6).

4.3.1 Vertrauen zeigen, aufbauen und pflegen

Können Sie sich vorstellen, einer Studentin die Leitung eines Hotels zu übertragen und entspannt zuzusehen, ob sie dieses Hotel zum Erfolg führt? Im Upstalsboom Seehotel auf Borkum in Norddeutschland kann man das Ergebnis sehen, das Bodo Janssen (Geschäftsführer von Upstalsboom, Hotel + Freizeit GmbH & Co. KG) möglich machte, als er einer Studentin anbot, dieses Hotel zu leiten. Eine Weiterführung des Hotels wie gehabt war damals nicht mehr sinnvoll, es rentierte sich einfach nicht. Die Studentin sagte zu, ein Patensystem wurde eingerichtet, das sie durch Mentoring unterstützte. In Eigenregie eröffnete sie das Hotel mit neuem Konzept – und es funktionierte. Inzwischen absolvieren regelmäßig Tourismusstudenten der Hochschule München im Seehotel ihr Pflichtpraktikum. In dieser Zeit dürfen sie ihr Fachwissen praktisch ausprobieren und sich aktiv an der strategischen Entwicklung des Hotelkonzepts beteiligen (Thurm 2016).

Auch Johann Hammerschmid, der Gründer der Firma Johammer, einer innovativen Schlosserei nördlich von Linz in Österreich, vertraut auf seine Mitarbeiter – und diese arbeiten als eine Mannschaft von Ideenschmieden. Sie haben unter anderem ein Elektromotorrad entwickelt, das viele Konkurrenzprodukte von weitaus renommierteren Herstellern technisch spielend überholt hat (beide Beispiele zu finden in: Purps-Pardigol 2015, S. 108 ff., 141 ff.).

Die Erfolgsformel in solchen Unternehmen lautet: Wir setzen auf Vertrauen und wertschätzende, positive Atmosphäre.

Es gibt zahlreiche Beispiele für Unternehmen, die genau durch diese vertrauensvolle, positive Zusammenarbeit herausragende Ergebnisse erzielen.

Wenn es Ihnen gelingt, Ihren Mitarbeitern einen Vertrauensvorschuss zu geben, ihnen Verantwortung zu übertragen, weil Sie auf deren Stärken fokussieren und klar definierte Grenzen aufzeigen, werden Sie ähnliche Erfolge haben. Wichtig ist, dass Sie diese Entwicklung individuell begleiten: Um im Team einen Geist von gegenseitigem Vertrauen und Unterstützung zu entwickeln, müssen die einzelnen Mitarbeiter individuell begleitet und im richtigen Moment in ihre jeweilige Verantwortung entlassen werden.

4.3.2 Erfolgsgeheimnis Motivation

Vertrauen ist ein wichtiger Mosaikstein im Prozess der Motivation. Denn Ihre Mitarbeiter werden so, wie Sie sie sehen. Ja, Sie haben richtig gelesen: Allein die Tatsache, dass Sie Ihre Mitarbeiter als fähige und leistungsstarke Menschen sehen und ihnen das durch Ihr Verhalten spiegeln, motiviert diese. Menschen passen sich den Erwartungen an, die andere an sie haben – in positiver und in negativer Hinsicht. So führten beispielsweise schon in den 1960er-Jahren die US-amerikanischen Psychologen Leonore Jacobson und Robert Rosenthal ein Experiment durch, das genau diese Aussage belegte: Sie stellten damals an Grundschulen einigen Lehrern willkürlich bestimmte Schüler als besonders begabt dar, ohne dass sich diese Schüler vorher in irgendeiner Weise hervorgetan hätten. Allein die Information, dass diese Schüler eine grandiose Entwicklung vor sich hätten, führte postwendend dazu, dass die Lehrer ein positiveres Bild von diesen Schülern hatten, entsprechend mit ihnen interagierten – und die betreffenden Schüler sich tatsächlich deutlich besser entwickelten als die anderen in ihren Klassen. Dieses Phänomen können Sie nutzen – und es wird Ihre Mitarbeiter, Sie und Ihr Unternehmen weiterbringen. Es ist einfach: Sehen Sie das Beste in Ihren Mitarbeitern, fokussieren Sie auf Ihre Stärken und geben Sie positives, wertschätzendes Feedback.

Ein weiterer Motor, der Ihre Mitarbeiter antreibt, ist die gemeinsame Vision, das Ziel, das man miteinander erreichen will (siehe Kapitel 1). Sie als Führungskraft haben die Aufgabe, Ihr gemeinsames Ziel in die packenden Bilder einer leidenschaftlichen Vision zu kleiden. Sie müssen es schaffen, Ihren Mitarbeitern diese Bilder so zu vermitteln, dass sie von Ihrer Begeisterung angesteckt werden, unbedingt dieses Projekt gemeinsam mit Ihnen umsetzen und mit Ihnen an dieses Ziel gelangen wollen.

Noch ein Wort zum Finanziellen: Eine angemessene Entlohnung kann Mitarbeiter nicht motivieren, aber sie ist eine notwendige Grundlage, damit sie bereit sind, dauerhaft Leistung zu erbringen. Ich vergleiche das Gehalt gerne mit dem Essen am Berg: Es ist eine wichtige Grundlage für gute Leistung. Mehr davon würde uns nicht zu mehr Leistung motivieren. Wenn es jedoch zu wenig davon gäbe, würden wir auf Dauer verhungern. Das Gehalt sollte auf jeden Fall Ihre Wertschätzung der Arbeit widerspiegeln. Wenn es etwas höher ist als bei der Konkurrenz beziehungsweise Sie zusätzliche Sozialleistungen anbieten, können Sie gute Mitarbeiter in Ihrem Unternehmen leichter halten und müssen nicht fürchten, dass diese zur Konkurrenz verschwinden.

4.3.3 Vorbild sein, auch im Wandel

Wenn Sie spüren, dass sich etwas verändern muss, dann beginnen Sie am besten bei sich selbst. Denn Veränderungen geschehen nur, wenn Menschen sich verändern. Dabei hat jeder auf sich selbst den größten Einfluss.

Hadern Sie nicht mit Bedingungen und Abläufen, wenn Sie feststecken, sondern analysieren Sie zuallererst, was Sie selbst anders angehen können. Und dann tun Sie es. Suchen Sie Ihre positiven Energizer zusammen, denn wenn diese mit Ihnen in einem

Boot sitzen, geschehen Veränderungen weitaus schneller und effektiver als sonst (Cameron 2012).

Danach können Sie gemeinsam mit den positiven Energizern Ihre Mitarbeiter zu Veränderungen motivieren.

Sie werden erleben, dass nicht jede Veränderung, die Sie für notwendig halten, nicht jede Idee, die Sie einführen möchten, sofort begeistert von den Mitgliedern Ihres Teams aufgegriffen und mit Ihnen umgesetzt wird. Gerade wenn Ihr Team oder das Unternehmen insgesamt bisher wenig oder nicht nach dem Positive Leadership gearbeitet hat, werden manche Mitarbeiter neue Ideen als lästig oder lächerlich abtun. Viele Menschen versuchen, Veränderungen grundsätzlich zu vermeiden, weil jede Veränderung mit Unsicherheit und deshalb mit Ängsten verbunden ist. Widerstand ist hier also normal. An diesem Punkt entscheiden Sie, ob es weiter in Ihre eingeschlagene Richtung geht oder nicht. Sie entscheiden das durch Ihre Authentizität. Und durch die energetisierenden Menschen an Ihrer Seite. Gemeinsam werden Sie bei Widerständen durchhalten und an Ihren Ideen festhalten, positive Energie verbreiten und dadurch die anderen mit der Zeit auch von dieser Veränderung überzeugen. Sie werden Ihre Mitarbeiter mit Ihrem eigenen Enthusiasmus anstecken und dadurch spüren lassen, dass Sie tatsächlich leben, was Sie sagen. Dass diese Veränderung sinnvoll ist und zu einer Weiterentwicklung des Unternehmens und aller Mitarbeiter führt. Ihre Vorbildfunktion gilt nicht nur bei Veränderungen.

4.3.4 Positive Teamkultur nicht nur beschließen, sondern leben

Womöglich kennen Sie ein Unternehmen, ein Start-up vielleicht – oder eine Firma, die gerne ein Start-up wäre –, mit loftartigen Gemeinschaftszonen, in denen lässige Sitzsackinseln warten. Mittags gibt es Eis für alle, Billardtische warten auf fröhliche Matches ... doch die Stimmung, das eingeschworene Miteinander, die Gemeinschaft will sich einfach nicht einstellen. Denn geführt wird dort so, wie es vor 50 Jahren gang und gäbe war: autoritär, immer auf der sicheren Seite, hierarchisch und bevormundend.

Die äußeren Bedingungen für ein entspanntes, positives Miteinander bleiben Fassade, wenn der Geist des Unternehmens dem nicht entspricht: Einen Wandel im Unternehmen kann es nur geben, wenn es eine respektvolle, am Menschen orientierte Führungskultur gibt. Falls das in Ihrem Unternehmen schon der Fall ist – gut für Sie. Falls nicht: Seien Sie derjenige, der den ersten Schritt geht, und ebnen Sie den Weg.

Falls Sie Ihr Team gerade übernehmen, ist der Zeitpunkt, neue Rituale und Abläufe zu installieren, besonders günstig. Nutzen Sie den frischen Geist des Anfangs. Auch später haben Sie jederzeit die Möglichkeit, neue und bessere Ideen auszuprobieren, Veränderungen durchzuziehen. Kündigen Sie konkret an, was Sie verändern möchten und vor allem, warum. Die folgenden Mittel sollen Sie dazu anregen, Positive Leadership in Ihrem Team mit Leben zu füllen (Tomoff 2015):

- **Unterstützen Sie Mitarbeiter dabei, ihre Stärken zu erkennen**: Vielleicht haben Sie selbst Ihre Charakterstärken mit dem Test von Willibald Ruch (siehe Kapitel 1) näher betrachtet? Empfehlen Sie diesen und ähnliche Tests auch Ihren Mitarbeitern. Je genauer jeder einzelne sich selbst kennt, umso besser kann er definieren, welche Stärken er ins Team einbringen kann und möchte.

- **Kommunizieren Sie die Stärken Ihrer Mitarbeiter**: Analysieren Sie gemeinsam mit Ihren Mitarbeitern regelmäßig deren Arbeitsplatz und Aufgabenbereich: Gibt es Möglichkeiten, bekannte Stärken öfter einzusetzen? Was könnte an den Stellen dafür verändert werden? Solche Überlegungen können regelmäßig in die Jours fixes und Teammeetings integriert werden.

- **Regen Sie positive Reflexion an**: Positive Leadership lebt vom Blick auf das, was gut funktioniert, was läuft. Dieser Blick muss geschult werden, denn die meisten Menschen in unserer (Arbeits-)Kultur sind gewöhnt, auf all das zu schauen, was fehlt, falsch läuft, misslingt. Das entsteht durch die „negative Verzerrung" (Hanson 2013). Deshalb ist es wichtig, Rituale einzuführen, mit denen der Blick aufs Positive trainiert wird. Integrieren Sie positive Rückblicke, zum Beispiel eine „Gut-gelaufen-Liste", in die wöchentlichen Teamrunden.

- **Schulen Sie die Dankbarkeit**: Am besten, indem Sie selbst dankbar reagieren, wann immer sich Gelegenheit dafür bietet. Mit bestimmten Ritualen – etwa einer Danke Runde am Anfang jeder Teamversammlung oder Ähnlichem – trainieren Sie bei allen Mitarbeitern die Aufmerksamkeit für die Dinge, für die sie dankbar sein können.

- **Teilen Sie positive Erfahrungen miteinander**: Machen Sie es sich zur Gewohnheit, positive Erlebnisse und Erfahrungen in Projekten, mit Kunden oder innerhalb des Unternehmens in der gemeinsamen Arbeit miteinander zu teilen. Auch das ist ein Thema für die regelmäßigen Treffen und Gespräche: So könnte jeder am Ende eines Arbeitstages auf einer Pinnwand vermerken, was heute gut gelaufen ist. Oder Sie regen an, dass in regelmäßigen Teamrunden jeder Mitarbeiter kurz erzählt, was in den letzten Tagen besonders gut gelaufen ist.

Kommunikation ist der Weg, miteinander in Verbindung zu sein. Wie Sie mit Ihren Mitarbeitern umgehen, sprechen und wie Sie sie sehen, das entscheidet darüber, ob Sie als Team miteinander erfolgreich ans Ziel gelangen. Mehr dazu, wie Sie die Kommunikation im Team optimieren, lesen Sie in Kapitel 6.

■ 4.4 Survival-Tipps für gelungene Teamentwicklung

- **Behalten Sie die Menschen im Fokus ... ohne die Aufgaben zu vernachlässigen**. Führen Sie situationsgerecht und individuell. Lassen Sie sich auf Ihre Mitarbeiter ein und lernen Sie jeden einzelnen kennen. Nur so können Sie herausfinden, welches

Maß an Selbständigkeit und Bestätigung er benötigt, um sich optimal zu entfalten und den höchstmöglichen Beitrag für den Gesamterfolg zu leisten.

- **Vertrauen Sie und sehen Sie das Positive in jedem.** Beginnen Sie mit einem Vertrauensvorschuss. Das ist der schwierigste Teil, denn je besser Sie Ihre Mitarbeiter kennenlernen, umso leichter wird es Ihnen fallen, sie einzuschätzen und ihnen Vertrauen entgegenzubringen. Sie können dann gemeinsam mit jedem Mitarbeiter dessen Aufgaben definieren – und angemessene Aufgaben sind gut zu bewältigen.

- **Probieren Sie verschiedene Wege aus.** Jeder Mensch in Ihrem Team ist ein Individuum – Sie auch. Das heißt, dass nicht jede Idee, die Sie gern umsetzen möchten, mit allen Mitarbeitern funktioniert. Falls Sie merken, dass etwas einfach nicht passt, fragen Sie Mitarbeiter nach deren Meinung und seien Sie bereit, Dinge zu verändern, damit sie besser werden können.

- **Bleiben Sie authentisch.** Wenn etwas schiefgeht, übernehmen Sie die Verantwortung dafür. Suchen Sie nach dem Fehler, aber nicht nach dem Schuldigen! Es ist in jedem Fall besser, zu einem Scheitern zu stehen, als zu versuchen, sich aus einer Situation herauszulavieren und sein Gesicht zu verlieren. Nur wenn Sie sich selbst treu und ehrlich bleiben, werden Ihnen Ihre Mitarbeiter vertrauen – die Basis für den Erfolg.

- **Trainieren Sie den Blick fürs Positive.** Machen Sie es sich selbst zur Gewohnheit, in jeder Situation das Positive zu sehen. Wenn Sie es nicht auf den ersten Blick sehen können, schauen Sie nochmals hin. Das bedeutet nicht, das Negative zu leugnen, sondern lediglich, den richtigen Schwerpunkt zu setzen.

◼ 4.5 Literatur

Asch, Solomon: *Social Psychology*. Oxford Science Publishing, Oxford 1955.

Cameron, Kim: *Positive Leadership*. BK-Publishers, San Francisco CA, 2012.

Gottman, John: *Die sieben Geheimnisse der glücklichen Ehe*. Ullstein Taschenbuch, Berlin 2014.

Hanson, Rick (übersetzt ins Deutsche von Knut Krüger): *Denken wie ein Buddha. Gelassenheit und innere Stärke durch Achtsamkeit*. Irisiana Verlag, München 2013.

Harvey, Jerry: *The Abilene Paradox*. Jossey-Bass Publishing, New York 1988.

Janis, Irving: *Groupthink*. Wadsworth Publishing, Covingto 1982.

Kreher, Antje: *Wie funktioniert eine Gruppe? Gruppenmodelle nach Tuckman und Cohn*. Grin Verlag, München 2011.

Noland, Marcus; Moran, Tyler; Kotschwar, Barbara: Working Paper 16-03. Is Gender Diversity Profitable? Evidence from a Global Survey. http://www.iie.com/publications/wp/wp16-3.pdf, abgerufen am 09.03.2016.

Purps-Pardigol, Sebastian: *Führen mit Hirn. Mitarbeiter begeistern und Unternehmenserfolg steigern*. Campus Verlag, Frankfurt am Main 2015.

Raoul Schindler in: König, Oliver; Schattenhofer, Karl: *Einführung in die Gruppendynamik*. Carl-Auer Verlag, Heidelberg 2014.

Schmidt, Sarah: „Die Vermittler-Generation". In: *Süddeutsche Zeitung* vom 03.03.2016, S. 21.

Thurm , Mathias: Bayern führen Seehotel. http://www.seehotel-borkum.de/aktuelles. html?file=files/img-hotel/borkum/hauptspalte/aktuelles/AHGZ_32-2014_Seite 151. pdf, abgerufen am 22.03.2016.

Titscher, Stefan; Stamm, Markus: *Erfolgreiche Teams*. Linde Verlag, Wien 2006.

5 Die richtigen Mitarbeiter finden – gemeinsam zum Gipfel

Wenn das Wetter umschlägt, muss man sich auf seine Teammitglieder voll verlassen können. Im Spaltengewirr des Glacier du Géant am Montblanc (© Foto: Stefan Gatt).

Sie möchten gemeinsam mit Ihrem Team eine große Vision wahr werden lassen. Doch wer ist das eigentlich, Ihr Team? Ein paar Menschen, die der nötige Broterwerb in einen Job getrieben hat? Eine Gruppe visionärer Macher? Irgendetwas dazwischen?

Wenn Sie gemeinsam zum Ziel kommen wollen, müssen Sie aufmerksam Ihre Umgebung checken und sich dann intensiv damit auseinandersetzen, wer Sie begleiten soll. Ob Sie als Führungskraft ein bestehendes Team übernehmen, einige zusätzliche Mitarbeiter einstellen oder das gesamte Team neu gründen - in jedem Fall sollten Sie die individuellen Voraussetzungen aller Mitstreiter kennen und nutzen.

 ### Neue Mitstreiter integrieren

Bei meiner Expedition zum Mount Everest im Jahr 2001 besteht das Team anfänglich aus insgesamt 13 Teilnehmern. Die Bandbreite reicht von erfahrenen Kletterern wie meinem Vater und meinem Freund Theo Fritsche bis hin zu dem mir anfänglich unbekannten Profiradrennfahrer Wolfgang Fasching. Auf meinen Vater oder Theo kann ich mich fachlich und menschlich voll verlassen. Mit beiden habe ich schon den Cho Oyu bestiegen.

Wieso aber entscheide ich mich dafür, Wolfgang Fasching mitzunehmen? Er hat zu dem Zeitpunkt kaum Bergerfahrung. Beim ersten Gespräch merke ich aber sofort, dass es ihm ernst ist und er sich den Everest als Ziel in den Kopf gesetzt hat. Er ist begeistert und entschlossen, dieses Ziel zu erreichen. Schon bei unserem ersten Treffen im Sommer 1999 wirkt er extrem sympathisch und lernwillig. So treffe ich mit ihm eine spezielle Vereinbarung: Er soll eineinhalb Jahre alpine Erfahrungen sammeln und dann zwei Monate vor der Abreise den Beweis erbringen, dass er alpinistisch in der Lage ist, den Everest zu schaffen. Das bedeutet, er muss klettern lernen und sich einiges an Seiltechnik aneignen.

Den Beweis dafür, dass er bereit ist, soll er nach diesem Training bei einer zweitägigen Tour erbringen, bei der ich die Latte sehr hoch legen will. Außerdem nehme ich ihm das Versprechen ab, dass er nach der vierwöchigen Akklimatisierungsexpedition auch ein „bis hierher und nicht weiter" akzeptieren wird, falls ich dann entscheiden sollte, ihn aus Sicherheitsgründen doch nicht auf den Everest mitzunehmen.

Dieses Ausstiegsszenario geklärt zu haben, ist mir damals sehr wichtig.

Zwei Monate vor der Abreise teste ich also seine Fähigkeiten in der Nähe von Bad Goisern – das ist etwa so, als absolviere man einen Probemonat in einer Firma. Wir sind zwei Tage lang in steilem, brüchigem Gelände unterwegs. Vor allem auf das seilfreie Gehen im Schrofengelände und die Seiltechnik lege ich bei unserer Testtour großen Wert, weil dieser Abschnitt die Situation am Everest am besten simuliert. Wolfgang meistert alle gestellten Aufgaben, sodass sich bei mir das Gefühl einstellt, ihn mit gutem Gewissen zum höchsten Gipfel der Welt mitnehmen zu können.

■ 5.1 Route und Umgebung analysieren – wie die Unternehmenskultur Ihr Team beeinflusst

Beim Extrembergsteigen habe ich nur bedingt Einfluss auf äußere Bedingungen. Ich kann mich vorher über die Route schlaumachen, die Ausrüstung und mein Team darauf vorbereiten. Ich kann dann auch eine Zeit lang auf das passende Wetter warten. Letztendlich muss ich mich aber mit vielem, was der Berg bereithält, arrangieren. Lediglich die Wahl der Route, der Zeitplan für die Besteigung, die Vorbereitung des Teams und die Wahl der Ausrüstung liegen in meiner Hand.

Auch Sie als Führungskraft müssen sich mit manchen Rahmenbedingungen arrangieren, die Sie in Ihrem Unternehmen vorfinden. Ich wage aber zu behaupten: längst nicht mit allen. Sie haben in vielen Bereichen die Chance, Aspekte neu zu definieren.

Sie sind als Führungskraft für Ihr Team verantwortlich. Im Positive Leadership stehen Menschen und deren Beziehungen zueinander im Mittelpunkt. Der erste Blick gilt also dem Menschen: Welche Fähigkeiten und Kenntnisse bringt er mit, wofür begeistert er sich, welcher Platz und welche Rolle im Team könnte am besten zu ihm passen?

Doch sind Sie immer auch von der Umgebung abhängig. Für mich heißt das: Vorm Losgehen Route und Berg checken, die Besonderheiten kennenlernen. Für Sie bedeutet es: Die Unternehmenskultur hinterfragen und analysieren – und Ihre eigene Strategie als Führungskraft im Unternehmen entsprechend aufbauen. Folgende Faktoren werden Sie dabei beeinflussen:

■ fachliche Aspekte und inhaltliche Vorgaben der Arbeit (abhängig von Branche und Unternehmensschwerpunkten),

■ die Kultur im Unternehmen,

■ Führungsstrukturen im Unternehmen und das Verhalten anderer Führungskräfte.

5.1.1 Fachliche Aspekte – Ihre spezifische Arbeitsumgebung

In Ihrem Unternehmen herrschen bestimmte Rahmenbedingungen, die auch damit zusammenhängen, in welchen wirtschaftlichen Bereichen es sich bewegt. Oft gilt unausgesprochen, dass diese Bedingungen unveränderbar sind. Ebenso oft lohnt es sich, genau das zu hinterfragen: Verkaufen sich die Produkte ausschließlich so, wie es jetzt seit Jahren geschieht? Funktionieren die Abläufe tatsächlich nur, wenn Lieferanten „unter Kontrolle" behalten werden? Können bestimmte Tätigkeiten nur auf die bewährte Art ausgeführt werden? Nicht alle bisher geltenden Regeln müssen falsch sein – richtig aber auch nicht. Das Gleiche gilt für Prozesse und Abläufe: Hinter vielen davon steht eine sinnvolle Entwicklung, andere sind veränderbar. Haben Sie den Mut, die Aspekte, die „schon immer so waren", aufmerksam zu betrachten und wo nötig zu verändern?

5.1.2 Die Kultur in Ihrem Unternehmen

So wie ich weiß, dass nicht unter jeder weißen Schneedecke fester Boden ist, wissen Sie, dass es in der Kommunikation und der Kultur Ihres Unternehmens eine Menge ungeschriebener Regeln und unsichtbarer Codes gibt. Ähnlich einem Eisberg, bei dem nur ein kleiner Teil oberhalb der Wasseroberfläche zu sehen ist, der größte Teil nicht sichtbar, sehr wohl aber spürbar. Sicher haben Sie sich auch schon einmal oder mehrmals vor Ihrer Bewerbung in einem Unternehmen über dieses informiert. Sie haben Website und Veröffentlichungen gelesen, recherchiert ... und hatten schließlich ein Bild davon, wie dieses Unternehmen tickt. Weitere Hinweise bekommen Neueinsteiger aufgrund der Räumlichkeiten eines Unternehmens, mitunter auch durch das Logo und die gesamte Präsenz von Marken, für die ein Unternehmen steht.

Manchmal bestätigt sich dieses Bild. Sehr oft aber erfährt man, sobald man Teil des Unternehmens ist, dass die gelebte Unternehmenskultur von den offiziellen Vorgaben und Statements stark abweichen kann. Wenn man innerhalb des Unternehmens unterwegs ist, lernt man zudem auch noch regelmäßige Abläufe, Zusammenkünfte und gemeinsame Events kennen und erfährt Details über Gehaltsstruktur, Möglichkeiten der Weiterbildung, das gesamte Miteinander – all das sind Faktoren, die weitere Rückschlüsse zulassen.

Sie werden erleben, wie miteinander kommuniziert wird und wer welchen Einfluss in welchem Bereich geltend machen kann. Zusätzlich werden Sie erfahren und erspüren, welche inneren ungeschriebenen und unausgesprochenen „Codes" es gibt, die klarmachen, dass man „dabei" ist – oder eben auch nicht. All das gilt ebenso für neue Bewerber, die Sie für Ihr Team suchen. Die Art, wie sich ein Unternehmen nach außen präsentiert, zieht eben auch bestimmte Kandidaten und Interessenten an.

Die gute Nachricht ist, dass Sie als Führungskraft die Unternehmenskultur beeinflussen können. Sie wirken als Vorbild, können Missstände gegenüber der nächsthöheren Führungsebene kommunizieren oder diese selbst abstellen. Nutzen Sie diese Möglichkeiten für sich und für Ihr Team. Denn jede Veränderung zum Positiven innerhalb des Unternehmens wird auch in Ihrem eigenen Team eine Veränderung bewirken.

5.1.3 Führungsstrukturen und Verhalten anderer Führungskräfte

Als Leiter stehen Sie nicht nur in steter Beziehung zu Ihren Teammitgliedern, sondern ebenso zu anderen Führungskräften im Unternehmen. Das spielt für Ihr eigenes Führungsverhalten eine große Rolle, denn es erweist sich in der Regel als schwierig bis unmöglich, als einzige Führungskraft in einem Unternehmen sein Team konträr zu allen anderen zu führen. Das bedeutet, dass Sie hierfür die Gegebenheiten analysieren und Ihre eigenen Ziele und Ihr Führungsverhalten regelmäßig hinterfragen müssen. Sie müssen selbst wissen, welche Aspekte Ihres Führungsstils nicht verhandelbar sind – und welche Sie wenn nötig an die Unternehmensumgebung anpassen können. All das gelingt nur, indem Sie sich regelmäßig mit anderen Führungskräften austauschen und abstimmen. Wichtig ist, dass Sie dabei in der Lage sind, Ihre eigenen Ideen plausibel zu vertreten und wenn nötig andere Führungskräfte von einer Kursanpassung zu überzeugen.

Wenn Sie dabei bemerken, dass die Diskrepanz zu groß ist, um Ihre Vision und Ihre Ziele in diesem Unternehmen umsetzen zu können, müssen Sie sich entscheiden: Möchten Sie irgendeine Führungsposition – oder wollen Sie Ihre Vision umsetzen? Es gibt heute viele Unternehmen, die auf einen modernen Führungsstil setzen und damit auch wirtschaftlich erfolgreich sind (Seliger 2014). In Deutschland gehören Gore, dm und viele andere große und kleine Firmen dazu. Haben Sie den Mut zu einem Wechsel, wenn die Zeit gekommen ist.

■ 5.2 Das richtige Team zusammenstellen

Wenn ich Teilnehmer für Bergexpeditionen auswähle, habe ich bei kommerziell ausgeschriebenen Touren keinen allzu großen Spielraum: Wer sich anmeldet und für meine Dienstleistung zahlt, ist prinzipiell dabei. Es sei denn, er erfüllt bestimmte technische oder körperliche Anforderungen nicht, die durch das Anspruchsniveau der Route vorgegeben sind. Bei schwierigen Expeditionen, wie etwa auf den Mount Everest, setze ich beispielsweise eine vorherige Achttausenderbesteigung als Kriterium an.

Anders sieht es aus, wenn ich ein Team wirklich frei zusammenstellen kann, oder wenn ich vor einer Expedition meine Co-Guides auswähle: Dann geht es mir neben einer Topausbildung auch sehr stark um die persönliche Komponente. Meine Co-Guides und ich müssen auf einer Wellenlänge sein. Ich muss ihnen vertrauen können und mir sicher sein, dass sie aufgrund ihrer physischen und mentalen Stärke in jeder Situation Herr der Lage sind, ohne dass sie den Chef raushängen lassen. Dadurch kann ich mir sicher sein, dass ich mich nicht neben den anderen Teilnehmern auch noch um meine Co-Guides kümmern muss, sondern im Gegenteil volle Unterstützung von ihnen bekomme. Auch Sie brauchen solche Menschen in Ihrem Team, etwa Ihre Stellvertreter.

Kim Cameron empfiehlt in seinem Buch Positive Leadership zudem, bei der Besetzung eines Teams unbedingt jenen Menschen den Vorzug zu geben, die er als „positive energizers" bezeichnet (Cameron 2012). Diese agieren im Team unterstützend und vitalisierend. Sie bauen andere Teamplayer auf, sind optimistisch, achtsam, vertrauenswürdig und selbstlos. Ein Team legt eine weitaus bessere Performance an den Tag, je mehr Energizer im Team sind. Und vor allem: Sie als Führungskraft sollten unbedingt ein Energizer sein! Das lässt sich lernen – und es lohnt sich: Für positive Energizer ist die Wahrscheinlichkeit, Erfolg zu haben, viermal höher als für negative Energizer, die sogenannten „black holes".

5.2.1 Was erwarten Sie von neuen Mitstreitern?

Wenn ich ein Projekt oder eine Expedition plane, fallen mir spontan Menschen ein, die für diese Aufgabe geeignet wären, die von meinem Gefühl her gut ins Team passen würden. Danach geht es auf die rationale Ebene: Welche Aufgaben sind zu vergeben? Welche Anforderungen werden zu meistern sein? Welche Fähigkeiten bringen diese Menschen dafür mit?

 Im Einklang auf der Beziehungsebene

Im Jahr 2004 errichte ich auf der Postalm im Salzkammergut einen Hochseilgarten. Ein Bekannter des Auftraggebers hat mich gefragt, ob ich mir vorstellen könnte, auch einen Klettersteig zu bauen. Und zwar mitten durch die Schlucht, um den Tourismus in der Region anzukurbeln. Ein Klettersteig ist eine Route durch den Fels, bei der nach Möglichkeit viele natürliche Tritte verwendet werden. Wenn diese nicht vorhanden sind, werden Stifte und Trittbügel montiert. Etwa eineinhalb Meter darüber ist ein durchgängiges und mit Stiften am Fels befestigtes Stahlseil montiert, in das die Begeher des Klettersteiges ihre Sicherungen einhängen.

Ich habe bis dahin nur kleinere Klettersteige gebaut und noch nie ein so großes Projekt abgewickelt. Der Auftrag interessiert mich sehr. So schaue ich mir vorab die Örtlichkeit im Detail an, um die Machbarkeit zu überprüfen, den Klettersteig zu planen und die Kosten zu kalkulieren.

Das Projekt wird angepasst, und im Sommer 2005 soll es umgesetzt werden.

Im Frühjahr überlege ich dann: Wen brauche ich für diese Aufgabe, konkret für die Arbeit an und in der Wand? Die Anforderungen sind hoch: Ich weiß, dass ich handwerklich geschulte Leute mit Verständnis für Technik brauche. Ebenso Leute mit Kraft, Ausdauer, Geschicklichkeit sowie seiltechnischen Fähigkeiten auf Bergführerniveau. Und nicht zuletzt will ich mich den Leuten freundschaftlich verbunden fühlen. Denn ich habe keine Lust, mich bei der gefährlichen Arbeit in der Schlucht mit Unstimmigkeiten auf der Beziehungsebene herumschlagen zu müssen.

Ein anderes Anforderungsprofil gibt es für die Leute, die ich für den Materialtransport in die Schlucht einsetzen will. Immerhin geht es in Summe um zwei Tonnen Stahl in Form von Stahlseilen, Stiften, Bügeln etc., die in der Schlucht an die Stellen transportiert werden müssen, wo das Material gebraucht wird. Für diese Arbeit habe ich mir Leute ausgesucht, die selbst mehr als 80 Kilogramm schwer und sehr belastbar sind.

Als meinen Stellvertreter wähle ich einen jungen Tischler, Bastian Monz, der sich vorher bei einer Expedition auf den Montblanc in einer sehr herausfordernden Situation bestens bewährt hat. Eine Rettungsaktion war damals im Gange gewesen, und er hatte mich mit seiner Kompetenz, Ruhe und Gelassenheit beeindruckt – ein echter Glücksgriff. Rückblickend war diese Wahl damals einer der Schlüssel zum Erfolg. Schlussendlich hatten wir vier Leute fix im Team, insgesamt waren 17 Leute fluktuierend im Einsatz.

Beim Bau des Postalmklettersteiges. Bastian Monz und Mario Zwilling in der Gamsleckenwand (© Foto: Stefan Gatt).

Im Idealfall bestehen meine Führungsteams ausschließlich aus Personen, die ich bereits gut kenne und die ich bei dieser Aufgabe dabeihaben möchte. Manchmal kommt es vor, dass Leute absagen, weil sie anderweitig gebucht sind. Bei meinen Expeditionen auf den Montblanc etwa passiert es immer wieder, dass ich einen Co-Guide im Team habe, den ich bisher nicht kannte. Das erzeugt eine leichte Unsicherheit in mir, denn ein Restrisiko bleibt dadurch. Meine Erfahrung ist, dass ich auf der fachlichen Ebene noch nie enttäuscht wurde. Allerdings ist mir bei dem einen oder anderen nach der Expedition klar geworden, dass ich ihn aufgrund der mangelnden sozialen Fähigkeiten nicht mehr buchen, sondern weiterhin auf die bewährten Co-Guides setzen werde, mit denen es auch auf der persönlichen Ebene wunderbar klappt. Diese Ebenen müssen Sie auch als Führungskraft im Unternehmen bei der Auswahl Ihrer Teammitglieder beachten: die persönliche und fachliche.

Neben der fachlichen und persönlichen „Passung" gibt es eine weitere wichtige Eigenschaft. Ich habe bei meinen Bergtouren den Vorteil, dass fast alle Teilnehmer dieses „Etwas" mitbringen, das am Berg ebenso wichtig ist wie für die Arbeit in jedem anderen beliebigen Team auf der Welt: Begeisterung. Der Wille, ein bestimmtes Ziel zu erreichen und dabei Freude zu haben. Genau solche Mitarbeiter brauchen auch Sie: Menschen, die das, was da an Arbeit auf sie wartet, unbedingt tun wollen. Menschen, die voller Leidenschaft dabei sind.

Begeisterung und Motivation sollten bei der Auswahl neuer Mitarbeiter Ihre erste Priorität sein. Ergründen Sie vor allem anderen die Motivation des Bewerbers: Will dieser Mensch den Job – nicht nur, um das nötige Geld zu verdienen, sondern von ganzem Herzen? Fragen Sie deshalb im Auswahlverfahren nicht nur nach fachlichen und sozialen Skills (siehe Kapitel 4), sondern ergründen Sie auch, was den Bewerber antreibt. Fragen Sie (Tomoff 2015, S. 22):

- Welche der beschriebenen Aufgaben in dem Job reizt Sie am meisten?
- Warum wollen Sie diesen Job machen? Was ist Ihre Motivation, diese Aufgaben zu übernehmen?
- Welche Aufgaben in dem Job würden Sie am liebsten abgeben – und durch welche anderen Aufgaben würden Sie die entstandenen Freiräume ausfüllen?
- Welche Tätigkeit würde Ihnen nie langweilig werden, auch wenn Sie diese andauernd wiederholen müssten?
- Bei welchen Aktivitäten schöpfen Sie neue Kraft – und warum?
- Wie würde Ihr perfekter Arbeitstag aussehen: Welche Aufgaben würden Sie erledigen, mit welchen Themen würden Sie sich befassen?
- Wie ist Ihre Haltung gegenüber Teamkollegen?
- Würden Sie sich als optimistischen, positiven Menschen bezeichnen?
- Welches Menschenbild haben Sie?
- Beschreiben Sie mir, wie Sie bis jetzt in Teams gearbeitet haben – wie verhalten Sie sich gegenüber Kollegen?
- Was sind Ihre persönlichen Stärken und wie möchten Sie diese in Ihrem Job einsetzen?

Integrieren Sie Fragen wie diese in Ihr Bewerbungs- und Auswahlverfahren.

Womöglich erkennen Sie dabei auch, dass Sie an der auszuschreibenden Stelle etwas verändern sollten. Falls Sie jetzt schon feststellen, dass dieser Job nicht attraktiv ist: Was können Sie tun, um ihn zu verändern? Wenn Sie erst einmal begonnen haben, darüber nachzudenken, wird Ihnen klar werden, dass Sie hierbei eine Menge Spielraum haben, um die optimalen Bedingungen für Ihre Mitarbeiter und ein perfektes Teamwork zu schaffen.

5.2.2 Die Ausrüstung für den Weg ans Ziel: So erkennen Sie, was Ihr Bewerber mitbringt

Im Bewerbungsprozess ist also zu klären, ob Ihr Bewerber Begeisterung für den Job mitbringt, fachlich fit und sozial geeignet ist.

Die einfachere Aufgabe für Sie als Führungskraft ist es, die fachlichen Aspekte zu klären. So wie ich bei meinen Teilnehmern eine gewisse Fitness und Bergerfahrung voraussetze, so brauchen Sie Bewerber, die bestimmte Fachkenntnisse, Erfahrungen und Branchenkenntnisse mitbringen.

Welche sozialen Kompetenzen für Ihre Bewerber besonders relevant sind, hängt stark davon ab, welche Art Team Sie sich aufbauen möchten, und auch davon, wer schon dazugehört (Ideen für ein erfolgreiches Teambuilding finden Sie in Kapitel 4).

Ob der Bewerber ins Team passen könnte, erspüren Sie als Führungskraft im Bewerbungsgespräch vermutlich schon intuitiv. Was sagt Ihr Bauchgefühl zu dieser Person? Wenn Sie sich für eine Person entschieden haben, können Sie den Integrationsprozess beschleunigen, indem Sie gemeinsam mit Ihrem gesamten Team etwas außerhalb des Firmenkontextes unternehmen, vielleicht eine Radtour, eine Wanderung, Grillerei, Kegeln … Dabei können sich die Teammitglieder auf ungezwungene Art schnell näherkommen, und es wird rasch sichtbar, ob der neue Mitarbeiter ins Team passt oder nicht. Spüren Sie, ob diese Person zu den Energizern gehört oder eher zu den „black holes". Beobachten Sie, wie die anderen auf den Neuen reagieren und welche Atmosphäre sich im Team während der Unternehmung einstellt.

■ 5.3 Wie Unternehmen und „Neue" zusammenkommen

Um möglichst klar zu definieren, welche sozialen und menschlichen Eigenschaften der neue Mitarbeiter mitbringen sollte, beziehen Sie am besten Ihr Team bei der Auswahl des neuen Kollegen ein. Das kann schon beim Definieren des Arbeitsplatzes geschehen: Welche Wünsche und welche Kapazitäten haben die Kollegen? Wer fehlt noch im Team? Welche Aufgaben könnten bei der ausgeschriebenen Stelle gegebenenfalls verändert werden, um diese an den – aus Sicht des Teams – optimalen neuen Kollegen anzupassen? Solch ein gemeinsamer Definitionsprozess ist zwar deutlich anspruchsvoller als ein Alleingang der Führungskraft, birgt aber Potenzial auf mehreren Ebenen: Zum einen fühlen sich Ihre Mitarbeiter wertgeschätzt und werden die gemeinsamen Entscheidungen in Folge auch verantwortlich mittragen. Der Zusammenhalt im Team wird stärker, wenn sich von Anfang an alle auch auf menschlicher Ebene miteinander auseinandersetzen. Und nicht zuletzt wird ein Mitarbeiter, der auf diese Art ausgesucht wird, sehr wahrscheinlich das Team bereichern.

5.3.1 Den Menschen hinter der Präsentation sehen

So wie im Unternehmen viele Abläufe, Normen und Werte „versteckt" existieren, so präsentiert sich auch jeder potenzielle Mitarbeiter nicht in seiner Vielschichtigkeit. Einiges können Sie aus den Unterlagen der Bewerber schlussfolgern, vor allem, wenn Sie in der Ausschreibung schon Fragen nach der Motivation und den Ideen des Bewerbers zur Stelle platziert haben. Ein umfassenderes Bild von Ihren Kandidaten bekommen Sie schließlich in einem Telefonat oder einem direkten Gespräch. Wenn Sie bereit sind, sich in Ihrer Entscheidung von anderen Menschen beeinflussen zu lassen, beziehen Sie geeignete Personen in die Auswahl neuer Kandidaten mit ein. Das können andere Führungskräfte, Mitarbeiter aus der Personalabteilung, Ihre stellvertretende Teamleitung oder Mitarbeiter aus Ihrem bestehenden Team sein. Es ist sinnvoll, sich vorher zu überlegen, wer im Gespräch welche Schwerpunkte setzt, was jeder im Auge behält. So kann beispielsweise einer von Ihnen die fachlichen, der andere die sozialen Aspekte im Fokus behalten. Aber auch viele andere Aufteilungen sind denkbar, Hauptsache, Sie haben Ihre Überlegungen vorab miteinander abgestimmt.

Falls ein Bewerber das erste Gespräch erfolgreich durchlaufen hat – also beide Seiten der Meinung sind, dass es passt – und bei diesem Gespräch keine Mitarbeiter aus Ihrem Team involviert waren, ist es entscheidend, bei einem weiteren Gespräch und der endgültigen Entscheidung Ihr Team aktiv einzubeziehen. Wieder unter der Prämisse, dass Sie sich in Ihrer Entscheidung beeinflussen lassen.

5.3.2 Nicht zu unterschätzen: Wahrnehmungsfallen

Niemand von uns ist objektiv, wie gern wir alle es auch wären. Es gibt verschiedene Faktoren, die Ihre Wahrnehmung beeinflussen. Das sind zum einen verschiedene äußere Umstände, aber – oft sehr viel stärker – auch Aspekte, die mit Ihnen selbst zu tun haben. Sie haben sich mit Ihren Visionen und Zielen auseinandergesetzt und dabei auch mit sich selbst (Kapitel 1). Das ist wesentlich, wenn Sie Ihr Team zusammenstellen, neue Mitarbeiter auswählen und diese treffend einschätzen möchten. Denn nur wenn Sie sich selbst kennen, können Sie auch erkennen, welche inneren Bilder, Werte und eigenen Eigenschaften Sie beeinflussen, während Sie sich gerade bemühen, Ihr Gegenüber möglichst objektiv einzuschätzen. Vor allem bei sehr starken und spontanen

Eindrücken sollten Sie sich fragen, woher diese rühren können: Schätzen Sie Ihr Gegenüber als „Möchtegern-Rebellen" ein, weil es zum Vorstellungsgespräch T-Shirt statt Hemd unter dem Sakko trägt? Oder wirkt der Mensch, der Ihnen gegenübersitzt, wie ein Streber auf Sie, weil er immer die passende Antwort zu haben scheint? Gerade die spontanen, raschen Schlussfolgerungen haben oft mehr mit Ihnen selbst als mit dem Gegenüber zu tun, was auch die moderne Gehirnforschung bestätigt. Wenn Sie Augenmerk auf Umgangsformen und Konventionen legen, fällt Ihnen jede Abweichung davon unangenehm auf. Wenn Sie dagegen selbst eher unkonventionell sind, fühlen Sie sich womöglich allein dadurch unbehaglich, weil Ihr Gegenüber einen sehr korrekten und formellen Eindruck macht.

Auch der berühmte erste Eindruck – etwa wenn Ihnen ein Kandidat sofort sympathisch ist und Sie deshalb gern das eine oder andere übersehen möchten – kann Ihre Wahrnehmung beeinflussen. Manches kann sich aus den Unterlagen des Bewerbers ergeben, ohne dass Ihnen das bewusst ist: Hat er beispielsweise vorher schon in einem Unternehmen gearbeitet, das Sie selbst besonders gut (oder schlecht) finden, kann das Ihre Einschätzung der Person verändern. Oder wirkt der Bewerber sehr unsicher und tippt deshalb vielleicht minutenlang mit den Füßen an das Stuhlbein oder gestikuliert beim Reden etwas zu ausschweifend ... alles Details, die einer Situation geschuldet sind und den Gesamteindruck verfälschen können.

Kurz gesagt: Sie werden in Ihrer Auswahl von Aspekten beeinflusst, die mit der menschlichen und fachlichen Eignung des Bewerbers für die Stelle nichts zu tun haben.

Ein weiteres Risiko beim Einschätzen anderer ist, dass wir alle am liebsten Menschen um uns scharen, die uns möglichst ähnlich sind. Behalten Sie einen kritischen Blick auf sich selbst: Wie gehen Sie mit Kritik von eben den Menschen um, die anders als Sie selbst sind? Wie schätzen Sie deren Arbeit und Handlungen ein? Würden Sie diese genauso streng einschätzen, wenn eine andere, Ihnen ähnliche Person dasselbe getan hätte? Kurz: Sind Sie auf dem Weg, eine Art Klonarmee um sich herum aufzubauen? Dann ist es dringend an der Zeit, etwas zu verändern.

Ein Tipp dazu: Ich selbst ergänze mein Bergführerteam gerne mit Menschen, die anders agieren und sich in ihrer Art, zu führen, zu denken oder zu entscheiden, deutlich von mir unterscheiden (siehe auch Kapitel 3). Dadurch können wir Situationen sehr umfassend und ganzheitlich erfassen und haben durch unsere individuellen und unterschiedlichen Sicht- und Handlungsweisen vielfältige Optionen, mit Herausforderungen, Krisen und Situationen umzugehen.

■ 5.4 Probezeit: Die ersten Etappen miteinander gehen

Es ist geschafft, Ihr Team hat Verstärkung bekommen! Die erste Zeit miteinander ist vor allem eine Chance: Beide Seiten können jetzt besonders gut Bedingungen definieren, einander kennenlernen, sich miteinander entwickeln. Wichtig ist jetzt, dass Sie viel miteinander kommunizieren, in engem Kontakt miteinander sind. Das heißt: Planen Sie explizit Zeit für diese Phase in Ihrem Zeitbudget ein! Am besten fahren Sie hier mit dem Situational-Leadership-Modell nach Hersey und Blanchard (siehe Kapitel 3): In der Führungsarbeit ist jetzt das Instruieren des neuen Teammitglieds besonders wesentlich. Sie vermitteln Ihrem neuen Mitarbeiter Vision und Ziele und stimmen sich mit ihm über seine Aufgaben und Kompetenzen ab. Passen Sie die Aufgaben wo möglich und sinnvoll an die Wünsche, Fähigkeiten und Visionen Ihres Mitarbeiters an. Konkret sind jetzt regelmäßige Gesprächstermine und verbindliche Vereinbarungen sowie deren terminierte Umsetzung wichtig. Auch die persönliche Beziehung zwischen Ihnen beiden sowie zum übrigen Team wird jetzt besonders intensiv definiert. Sie tragen in dieser Phase eine große Verantwortung, die Sie in den folgenden Schritten immer weiter auf den Mitarbeiter übertragen.

■ 5.5 Survival-Tipps, mit denen Sie die besten Mitarbeiter für Ihr Team gewinnen

- **Suchen Sie nach leidenschaftlichen, energetisierenden Menschen.** Die besten Mitarbeiter sind die, denen Beruf eine Berufung ist und die andere fördern und wertschätzen. Fachlich kann vieles noch gelernt werden, gerade wenn Ihr neuer Mitarbeiter hoch motiviert ist. Wenn die Begeisterung und die soziale Kompetenz vorhanden sind, wird nahezu jede Vision erreichbar.

- **Lassen Sie sich beeinflussen und machen Sie die Auswahl zur Teamsache.** Beziehen Sie Ihr bestehendes Team in die Auswahl neuer Mitarbeiter ein. Sie haben damit Ihre Mitarbeiter im Boot, teilen die Verantwortung – und der Neue wird die passgenaue Bereicherung sein.

- **Hören Sie auf Bauch und Kopf.** Beide sollen „Ja" sagen, wenn Sie sich für einen Bewerber entscheiden. Vertrauen Sie Ihrem Bauchgefühl und Ihrem Verstand. Bei einer großen Diskrepanz zwischen diesen beiden „Ratgebern" ist die Person mit großer Sicherheit nicht die richtige für Ihr Team.

- **Investieren Sie Zeit, Kraft und geistige Arbeit in die Bewerbungsphase.** Jeder Gedanke, den Sie sich jetzt machen, lohnt sich, denn Sie beugen Problemen vor, die durch übereilte und nicht durchdachte Entscheidungen später auf Sie zukommen würden.

- **Optimieren Sie Stellenbeschreibungen statt Menschen.** Wenn ein Mensch genau in Ihr Team passt, aber nicht perfekt auf die ausgeschriebene Stelle, scheuen Sie sich nicht, Aufgaben und Prozesse so zu verändern, dass die Stelle zum Menschen passt.

◼ 5.6 Literatur

Cameron, Kim: *Positive Leadership.* BK-Publishers, San Francisco CA, 2012.

Seliger, Ruth: *Positive Leadership. Die Revolution in der Führung.* Schäffer-Poeschel Verlag, Stuttgart 2014.

Tomoff, Michael: *Positive Psychologie in Unternehmen. Für Führungskräfte.* Springer Fachmedien, Wiesbaden 2015.

6 Führung braucht erfolgreiche Kommunikation

Für einen flüssigen Gehrhythmus am Seil ist eine gute Kommunikation in der Seilschaft unerlässlich. Das Foto entstand am Glaciar Fitz Roy norte, im Hintergund ist der Fitz Roy zu sehen (© Foto: Stefan Gatt).

In der Teamführung geht es um vieles. Um Menschen und deren Beziehungen zueinander. Um Aufgaben, die zu erfüllen, um Ziele, die umzusetzen sind. Vor allem jedoch geht es um Kommunikation. Denn alles, was Sie erreichen möchten, funktioniert nur, indem Sie und Ihre Mitarbeiter miteinander kommunizieren. Dabei stellen Sie die Weichen für ein gutes Miteinander täglich neu durch die Art, in der Sie mit anderen kommunizieren, Vorgaben und Ziele definieren, auf Situationen reagieren und Ihren Mitarbeitern Feedback geben.

Spaltensturz in Patagonien

Ich habe viele Erinnerungen im Kopf, bei denen Kommunikation am Berg eine entscheidende Rolle gespielt hat: ungünstig eingehängte Seile, missverständliche Kommandos, falsche Entscheidungen und aneinander vorbeizureden ...

An ein Erlebnis in Patagonien erinnere ich mich noch heute sehr genau: Als ich mit meinem Vater dort unterwegs bin. Wir haben das Glück einer sechs Tage langen Schönwetterperiode und sind nach unseren Erfolgen am Fitz Roy und der Guillaumet richtig müde. Doch durch das weiterhin schöne Wetter fühlen wir uns praktisch „gezwungen", zum Cerro Torre hinüberzuwechseln, obwohl wir wissen, dass unsere Energie erschöpft ist.

Mein Vater Erich Gatt am Gletscher unterhalb des Cerro Torre, einer der schönsten und schwierigsten Berge der Welt (© Foto: Stefan Gatt).

Beim Zustieg stürze ich aufgrund einer Unachtsamkeit 20 Meter über einen Moränenhang hinunter, verletze mich aber kaum. Als wir eine Schneehöhle etwa 1.000 Meter unter dem Gipfel des Cerro Torre erreichen, zwingt uns der einsetzende Schneefall zur Umkehr. Beim Abstieg schließlich geschieht es: Wir müssen über eine ein Meter breite Spalte mit einem Höhenunterschied von etwa eineinhalb Metern springen. Mein Vater springt als Erster und landete weich im Schnee. Er weist mich nochmals darauf hin, dass ich aufpassen solle, da hier die Spalte sei.

Ich erinnere mich gut, wie ich denke: „Sehe ich eh, warum sagt er mir das, ich bin ja nicht blind!" Also springe ich und lande knapp neben seiner Spur, um für eine besonders weiche Landung in seine beiden Spuren hineinzurutschen.

Aber die Geschwindigkeit nimmt nicht ab! Meine Arme werden nach oben gerissen und ich verschwinde in einem finsteren Loch. Fünf Meter tiefer lande ich auf einer Schneebrücke, rücklings wie ein Maikäfer. Die beiden Kletterseile am Rücken haben meinen Aufprall etwas gedämpft. Das ist die gute Nachricht. Die schlechte: Dass sie da unten bei mir liegen, macht meinem Vater eine schnelle Hilfestellung unmöglich. Ich bin kurz starr vor Schreck. Ohne viel zu schauen, rapple ich mich vom Boden auf und spreize ruckzuck an den Spaltenrändern hinauf zum Loch, durch das ich hineingeplumpst bin.

Oben angekommen sehe ich zuerst das erschrockene Gesicht meines Vaters, der sofort anpackt und mich ins Freie zieht. Fast so schnell, wie ich im Nichts verschwunden bin, stehe ich wieder draußen.

Wir analysieren gleich unser Missverständnis. Hätte er gesagt: „Pass auf, Stefan, ich war mit den Füßen bereits in der Spalte, spring einen Meter weiter", dann hätte ich es verstanden. Ich bin froh, dass es gut ausgegangen ist, und das Ganze ist für mich in dieser Situation ein Zeichen mehr, dass es eigentlich schon genug ist. Höchste Zeit auszuruhen und das nächste Mal wirklich klar und deutlich zu kommunizieren!

■ 6.1 Was ist Kommunikation?

Was fällt Ihnen spontan als Antwort auf diese Frage ein? Die meisten könnten sich vermutlich auf die Aussage einigen, dass Kommunikation (abgeleitet vom lateinischen „communicatio" für Mitteilung) der Austausch von Informationen ist. Es gibt einen Sender und einen Empfänger. Der eine spricht, der andere hört zu. So weit, so einfach. Wir alle haben jedoch schon unzählige Male erlebt, dass es alles andere als einfach ist, erfolgreich zu kommunizieren. Denn Kommunikation ist weit mehr als eine geradlinige Aktion, ein Weg direkt von A nach B – sie gleicht vielmehr einem verschlungenen Pfad mit vielen möglichen Abzweigungen und einem teilweise unbekannten Ziel.

6.1.1 Kommunikation ist immer auch Beziehung

Sobald Sie mit einem anderen Menschen in einem Raum sind, kommunizieren Sie mit ihm. Selbst wenn Sie nicht reden, sich nicht bewegen, nicht einmal zum anderen hinsehen. Laut Paul Watzlawick können wir nicht nicht kommunizieren (Watzlawick/Beavin/Jackson 2000). Jeder von uns kennt das: Wenn wir etwa in einem Meeting sitzen, sendet jeder der Anwesenden Signale, die von anderen in irgendeiner Art interpretiert werden: Er spielt am Handy herum. Sie schaut die anderen an oder wendet den Blick ab – zum Fenster? Nach unten? Er hört aufmerksam zu oder wirkt abwesend. Sie sitzt aufrecht oder hängt in den Seilen (müde, gelangweilt, arrogant oder entspannt?). Uns ist die meiste Zeit nicht bewusst, wie viele Signale wir aussenden, wie sehr wir kommunizieren, was wir alles über uns selbst erzählen, während wir einfach nur „da sind".

An den genannten Beispielen wird außerdem deutlich, dass Kommunikation nicht nur ein verbaler oder schriftlicher Austausch von Informationen ist. Bei jeder Kommunikation geht es um Inhalt und Beziehung. Watzlawick nutzt dafür die Metapher des Eisberges: Der sichtbare Teil oberhalb der Wasseroberfläche ist der Inhalt, der unsichtbare Hauptteil unterhalb der Oberfläche ist die Beziehung.

Wenn Sie einen Mitarbeiter darum bitten, eine Präsentation fertigzustellen, kann dies alles Mögliche bedeuten – und alles Mögliche bei ihm auslösen. Je nachdem, ob Sie beide positive Erfahrungen und eine gelungene Zusammenarbeit miteinander verbinden oder ob ein Geist des Misstrauens („Das schafft der eh nicht" versus „Der traut mir das sowieso nicht zu") zwischen Ihnen herrscht, kann diese Information einfach ihren Weg zum anderen finden – oder negative Gedanken, Gefühle, inneren Widerstand auslösen.

Auch der Ton macht die Musik. Das bedeutet: Wie haben Sie Ihre Bitte formuliert und verbalisiert, in welchem Ton sprechen Sie zu Ihrem Gegenüber? Eine Rolle spielt dabei selbstverständlich auch, welche Körperhaltung und Mimik Ihre Worte begleiten. In Watzlawicks Worten: „Eine Geste oder eine Miene sagt uns mehr darüber, wie ein anderer über uns denkt, als hundert Worte." (Watzlawick/Beavin/Jackson 2000)

Wenn Kommunikation misslingt, haben die Gesprächspartner oft gegensätzliche Meinungen zu Ursache und Wirkung ihres Verhaltens. Stellen wir uns vor, Ihr Mitarbeiter hört aus Ihrer Bitte, eine Präsentation vorzubereiten, Zweifel an seiner Kompetenz heraus. Womöglich hat er die letzte Präsentation seiner Meinung nach nicht akzeptabel erstellen können. Außerdem glaubt er, dass Sie ihm nichts zutrauen, was ihn so unter Druck setzt, dass er gar nicht mehr kreativ und konstruktiv arbeiten kann. In seinen Augen ist Ihr Verhalten daran schuld, dass er seine Aufgaben nicht erfolgreich abschließen kann. Sie dagegen haben schon zwei-, dreimal erlebt, dass er an seinen Aufgaben scheitert – daher sehen Sie die Ursache für Ihr Misstrauen in seinem Verhalten. Sie beide befinden sich damit in einer Abwärtsspirale aus gegenseitigen Schuldzuweisungen, aus der Sie auf dem eingeschlagenen Kommunikationsweg nicht mehr herauskommen.

Der einzig mögliche Ausweg liegt in einer grundlegenden Veränderung, heraus aus der destruktiven und hinein in eine positive Kommunikation. Wenigstens einer von beiden muss bewusst mit dem Pingpong der Schuldzuweisungen aufhören und sein Bild vom Gesprächspartner und dessen Motivation neu definieren. Der Ball dafür liegt bei Ihnen als Führungskraft. Sie könnten im beschriebenen Beispiel damit beginnen, indem Sie Ihren Mitarbeiter als Menschen wahrnehmen, der bestrebt ist, seine Aufgaben erfolgreich zu erledigen, und als jemanden, der einige Stärken hat. Sie könnten fragen, was er braucht, um in Zukunft besser arbeiten zu können. Erst wenn Sie anfangen, ihn anders zu sehen, kann eine positive Spirale in Gang gesetzt werden, die mit der Zeit Ihre Kommunikation und Ihr gesamtes Miteinander grundlegend verändern wird.

Ein weiterer Aspekt, den Watzlawick thematisiert: Kommunikation kann symmetrisch oder komplementär sein. Symmetrische Kommunikation findet zwischen ähnlichen Gesprächspartnern statt, komplementäre zwischen unterschiedlichen. Oft spielt hierbei ein Machtgefälle eine Rolle. Als Führungskraft werden Sie immer wieder in die Situation geraten, dass Sie und Ihre Mitarbeiter sich in einer komplementären Kommunikationssituation miteinander befinden. Diese können Sie insofern verändern, dass Sie durch Ihr Gesprächsverhalten – Anerkennung, Wertschätzung, positive Kommunikation – eine Gleichheit anstreben, sodass eine Kommunikation auf Augenhöhe entsteht. Dadurch wird das Verständnis füreinander einfacher und die Dynamik, die aus Hierarchien entsteht, kann verringert werden.

6.1.2 Auf welchen Ebenen wir kommunizieren

Der deutsche Psychologe Friedemann Schulz von Thun fand heraus, dass das Senden und Empfangen jeder Nachricht mit vier Aspekten – mit vier Schnäbeln und vier Ohren, wie er es bezeichnet – verknüpft ist. Von Thun berücksichtigt dabei die inhaltliche Ebene, die Person des Senders, die Beziehung zwischen Sender und Empfänger sowie die Absicht des Senders (Schulz von Thun 1981):

- **Sachinhalt**: Worum geht es? Worüber möchte der Sender den Empfänger informieren?
- **Selbstoffenbarung des Senders**: Was durch die Nachricht über den Sprecher deutlich wird beziehungsweise was dieser über sich selbst kundtut – sei es bewusst oder unbewusst, mit oder ohne Absicht.
- **Beziehung**: Was über die Beziehung zwischen Sender und Empfänger offenbart wird: Wie stehen beide zueinander? Wie kommuniziert der Sprecher, was hört und was versteht der Empfänger?
- **Appell**: Was möchte der Sender mit der Nachricht erreichen, wozu will er den Empfänger veranlassen?

Welcher der vier Aspekte letztendlich überwiegt, kann sehr unterschiedlich sein. Wichtig ist es, diese vier Ebenen zu kennen. Wenn Kommunikation misslingt, können Sie diese vier Aspekte betrachten und so möglicherweise erkennen, was Sie verändern können, um Ihre Kommunikation erfolgreicher zu machen.

  www.schulz-von-thun.de/index.php?article_id=71

■ 6.2 Leitplanken für gelingende Kommunikation

Positive Kommunikation ist unabdingbar, wenn Sie als Führungskraft langfristig erfolgreich mit Ihrem Team arbeiten möchten. Nur wenige Menschen befassen sich damit, was sie mit Worten aus- und anrichten können. In der Politik, der Wirtschaft und der gesamten Gesellschaft werden Worte und Sätze geprägt, die eine destruktive Kraft entwickeln. Flüchtlingskrise, Sozialschmarotzer, Grexit, Lügenpresse und andere aggressive Neologismen und polemische Sprüche ohne jeden konstruktiven Ansatz beherrschen die Medienlandschaft. Noch verheerender geht es in den Kommentarspalten darunter zu.

Diese Art zu kommunizieren ist in etwa so sinnvoll, als würde ich vor einem Aufstieg mit hochgezogener Augenbraue vor meinem Team stehen und erklären, dass wir es mal versuchen, aber im Grunde rechne ich damit, dass sicher nicht alle (hier fixiere ich mit verdrießlichem Blick drei, vier meiner Begleiter) den Gipfel erreichen können. Dabei würde ich beiläufig noch erwähnen, wie viele Menschen beim Versuch, diesen Gipfel zu besteigen, bereits umgekommen sind …

Wenn Sie gemeinsam mit Ihrem Team nachhaltig erfolgreich sein möchten, haben Sie mit einer konstruktiven, positiven Kommunikation die besten Chancen. Es lohnt sich auch, sich mit Aspekten der gewaltfreien Kommunikation nach Marshall B. Rosenberg (2013) zu beschäftigen. Verzichten Sie beispielsweise auf Aber-Sätze, wo immer es geht. Falls Sie Sätze mit „aber" verwenden, denken Sie darüber nach, wie dieser Satz wirken würde, wenn Sie alles bis zum „aber" Gesagte weglassen. Denn letztendlich bleibt genau dieser letzte Satzteil beim Empfänger hängen. Anschaulich wird das an Beispielen wie: „Ich schätze deine Arbeit, aber an der Qualität deiner Präsentationen müssen wir noch arbeiten." Oder: „Sie sind ein wertvoller Mitarbeiter, aber so kann unsere Zusammenarbeit nicht weitergehen." Was genau haben Sie jetzt gelesen und was bleibt bei Ihnen auf einer emotionalen Ebene über?

6.2.1 Kommunizieren Sie bewusst und authentisch

Achten Sie auf Ihre Sprache – und darauf, dass diese mit dem im Einklang bleibt, was tatsächlich in Ihrem Team geschieht. Es reicht nicht, ein paar Formulierungen und Begriffe zu lernen, „Dos and Don'ts" zu definieren, einfach nur die Dinge neu zu benennen – während hinter den sprachlichen Kulissen alles beim Alten bleibt. Um erfolgreich zu kommunizieren, müssen das Denken und das Miteinander im Sinne eines Positive Leadership entwickelt werden. Nur dann ist auch die Kommunikation authentisch.

Ebenso wichtig ist die Wechselwirkung zwischen Sprache und Wahrnehmung in die andere Richtung: Positive Vorgänge auch mit entsprechenden Worten zu benennen, verstärkt unsere Wahrnehmung konstruktiv.

Ein Beispiel dafür prägte das Unternehmen dm: Nachdem dort die Ausbildung stark verändert wurde und die Auszubildenden aktiv in diesen Vorgang einbezogen werden, nennt man bei dm die Azubis nicht mehr Lehrlinge, sondern Lernlinge (Purps-Pardigol 2015, S. 124 ff.). Sie werden also nicht ge- und belehrt, sondern sind selbst aktiv: Sie lernen, eignen sich das Wissen an, tun etwas.

Wie kraftvoll Kommunikation im Guten wie im Schlechten wirken kann, scheinen Menschen schon sehr lange zu spüren. Vielleicht kennen Sie die drei Siebe des Sokrates. Im Grunde bedeuten diese nichts anderes als alles, was man sagen will, in dreierlei Hinsicht zu prüfen: Erstens: Ist es wahr (und zwar geprüft wahr, also kein „Ich habe gehört, dass ...")? Zweitens: Ist das, was man erzählen möchte, gut? Und drittens: Ist es nötig, das, was gesagt werden soll, tatsächlich zu sagen? Diese Gedanken machte sich Sokrates bereits vor beinahe 2.500 Jahren. Wenn Sie es schaffen, diese Ideen umzusetzen, sind Sie in Ihrer täglichen Kommunikation wahrscheinlich schon sehr erfolgreich.

Bleiben Sie außerdem aufmerksam für die äußeren Bedingungen, in denen Ihre Kommunikation stattfindet. Achten Sie auf ein ruhiges, entspanntes Ambiente bei Ihren Meetings und Gesprächen. Schalten Sie Mobiltelefone lautlos oder am besten ab. Wir müssen nicht rund um die Uhr erreichbar sein. Nehmen Sie sich mehr Zeit für Mitarbeiter, die gerade in einer beruflichen oder privaten Ausnahmesituation stecken.

Je höher das Vertrauen zwischen den Mitgliedern Ihres Teams und Ihnen ist, umso einfacher wird es, die wesentlichen Kommunikationsinhalte zu vermitteln beziehungsweise aufzunehmen.

6.2.2 Nehmen Sie Ihr Gegenüber wahr

In jedem Gespräch gibt es einen Sender und mindestens einen Empfänger. Aufgrund unserer unterschiedlichen Sozialisation, unserer Erfahrungen und Werthaltungen haben wir unterschiedliche Filter oder Landkarten im Kopf, welche uns in der Wahrnehmung der Wirklichkeit beeinflussen. Aus diesem Grunde hat es sich vor allem in schwierigen oder entscheidenden Gesprächen bewährt, die beiden Schritte hören und verstehen zu trennen.

Echtes Hören ist dann möglich, wenn Sie Ihr eigenes gedankliches „Land" mit Ihrer bekannten Realität verlassen und sich über eine gedachte Brücke in das Land Ihres Gesprächspartners begeben. Als ersten Schritt in das Land beziehungsweise die Realität Ihres Gegenübers lassen Sie bewusst all Ihre vorgefassten Meinungen bezüglich der Person oder Sache beiseite. Versuchen Sie dann, die Welt aus dem Blickwinkel der anderen Person wahrzunehmen: Wie sehen die Dinge aus dieser Perspektive aus? Dann wiederholen Sie das Gesagte mit seinen Worten und fragen nach: „Habe ich dich gehört?" An diesem Punkt kann der Sender nochmals überprüfen, ob er sich gehört fühlt, und eventuell ergänzen: „Du hast viel gehört. Mir ist außerdem wichtig, dass du auch noch hörst, dass ..." Wenn sich der Sender im ersten Schritt gehört fühlt, ist die Basis für Verständnis gegeben.

Verstehen ist dann im nächsten Schritt möglich, wenn Sie dort im Land des Senders bleiben und die Situation insgesamt betrachten – also das, was er sieht, sehen. Das, was Sie aus Ihrem Blickwinkel wahrgenommen haben, nun aus dem des Gegenübers wahrnehmen – und versuchen, zu verstehen. „Ich verstehe, was du meinst, und es ist aus deiner Sicht sinnvoll für mich, weil ..."

Dies bedeutet noch lange nicht, dass Sie der gleichen Meinung sein müssen wie Ihr Gegenüber, weil sich die Situation ja aus Ihrem Land gesehen völlig anders darstellen kann. Diese Art der Gesprächsführung basiert auf der Imago-Beziehungstheorie nach Hendrix (2009).

Ihre Aufgabe als Führungskraft ist es, bewusst zu formulieren, die Reaktion Ihrer Mitarbeiter aufmerksam zu beobachten und aktiv nachzufragen, was von dem Gesagten angekommen ist. Wenn Sie so mit Ihren Mitarbeitern kommunizieren, werden diese sich als Menschen wertgeschätzt und vor allem gehört und verstanden fühlen. Dadurch ist es jedem Ihrer Mitarbeiter möglich, Entscheidungen auch dann mitzutragen, wenn Sie als Führungskraft etwas entgegen der ursprünglichen Meinung des jeweiligen Mitarbeiters entschieden haben.

Behalten Sie deshalb immer im Auge:

- **Jeder Mensch hat eine eigene Realität, individuelle Filter, innere Bilder und Vorstellungen, die seine „Wahrgebung" prägen.** Das ist kein Druckfehler! Ich meine wirklich „Wahrgebung" und nicht Wahrnehmung, weil es ein aktiver Prozess ist, wie ich aufgrund meines Verarbeitungsprozesses im Gehirn die Welt erlebe. Dadurch zieht auch jeder Mensch unterschiedliche Botschaften aus identischen Informationen.
- **Fragen Sie nach, bevor Sie eigene Schlüsse ziehen.** Formulieren Sie dabei das Gehörte nochmals in eigenen Worten. Auf diese Art wird schnell klar, ob das, was der Sender abgeschickt hat, tatsächlich bei Ihnen angekommen ist. Eventuelle Missverständnisse können schnell und rechtzeitig aufgelöst werden.
- **Bleiben Sie bei sich – und nehmen Sie nie an, zu wissen, was Ihr Gegenüber denkt und wünscht.** Sprechen Sie über das, was Sie selbst denken, wünschen, brauchen und tun, und fragen Sie immer wieder aktiv nach, was davon beim Gesprächspartner angekommen ist.
- **Bleiben Sie konkret.** Fokussieren Sie sich in Gesprächen auf das, worum es aktuell geht, und pauschalisieren Sie nicht, selbst wenn Sie gerade verärgert oder aufge-

bracht sind. Worte wie „immer", „nie" und „sowieso" sind kontraproduktiv und lösen bei Ihrem Gesprächspartner lediglich Abwehr aus.

- **Bleiben Sie auf der Sachebene.** Zeigen Sie auch in Auseinandersetzungen und Diskussionen mit unterschiedlichen Standpunkten deutlich, dass es Ihnen um die Sache geht – nicht darum, Ihr Gegenüber anzugreifen oder einen Machtkampf zu gewinnen. Sobald einer der Gesprächspartner sich abgewertet und angegriffen fühlt, ist keine konstruktive Kommunikation mehr möglich, weil sofort Abwehr und Verteidigung stattfinden.
- **Signalisieren Sie Gemeinsamkeit.** Sie möchten zusammen Ziele erreichen. Zeigen Sie deutlich, dass Sie Ihre Mitarbeiter begleiten, unterstützen und schätzen – dass es Ihnen darum geht, gemeinsam etwas zu schaffen. Wichtig: Sagen Sie hierbei nur das zu, was Sie tatsächlich umsetzen können und werden.

■ 6.3 Kommunikation im Alltag trainieren

Im Kapitel 4 haben Sie schon einige Ideen gefunden, welche Werkzeuge der Teamentwicklung dienen: regelmäßige Treffen, Rituale, bei denen sich Mitarbeiter darüber austauschen, was gut gelaufen ist und wo man gemeinsam Abläufe verändern, umdenken, Neues ausprobieren kann. Hier finden Sie weitere Anregungen dazu, wie Sie die Kommunikation in Ihrem Team in beste Bahnen lenken.

6.3.1 Entwickeln Sie eine gemeinsame Sprache

Viele (Arbeits-)Beziehungen scheitern daran, dass man nicht klar genug über Erwartungen spricht oder Informationen missverständlich weitergibt. Am Berg kann das im schlimmsten Fall tödlich enden, die Geschichte am Anfang dieses Kapitels beschreibt eine Situation, in der ich die Gefährlichkeit einer nachlässigen Kommunikation am eigenen Leib erfahren habe. Auch beim gemeinsamen Klettern und gegenseitigen Sichern ist eine klare Abstimmung über verbale Kommandos und nonverbale Signale unabdingbar. So wird zum Beispiel vorher geklärt, dass ein zügiges Einziehen einer der beiden Seilstränge bedeutet, dass man an einem sicheren Standplatz angekommen ist und sich selbst gesichert hat.

Zu Beginn jeder Expedition stimme ich mit allen Teilnehmern Begriffe und Signale sorgfältig ab. Im Unternehmen nimmt normalerweise niemand Schaden an Leib und Leben, dennoch kann es viel Kraft, Zeit und Geld kosten, wenn durch missverständliche Kommunikation Fehler entstehen.

Klären Sie deshalb gezielt, wie Sie im Team Begriffe und Informationen einsetzen. Gerade am Anfang der Zusammenarbeit ist das wesentlich. Sie könnten hierfür auch einen Workshop oder eine Teamrunde veranstalten, in der „allgemeine Begriffe" mitei-

nander abgestimmt werden. Das darf auch mit Humor geschehen: Schreiben Sie beispielsweise alle wesentlichen Begriffe auf, die Ihnen einfallen, beispielsweise Zeitanga-
ben: asap, im Laufe des Tages, in etwa 14 Tagen, demnächst, vor der nächsten
Vertreterkonferenz, im Frühjahr …

Dann gehen Sie die Begriffe durch und jeder schreibt auf, welchen konkreten Zeitbegriff
er mit der jeweiligen Aussage verbindet. Dabei stellt sich vielleicht heraus, dass ein
Mitarbeiter bei „asap" alles stehen und liegen lässt, um das betreffende Thema anzugehen, während der andere sich irgendwann im Laufe des Tages darum kümmert. Auch
der zweite Mitarbeiter hat dabei das Gefühl, genau angemessen mit der Information
umzugehen. Möglicherweise teilt der Anfragende diese Auffassung jedoch nicht (und es
könnte vielleicht auch Mitarbeiter geben, die die Abkürzung „asap" nicht kennen).

Sobald Sie festgestellt haben, welchen Zeithorizont die einzelnen Mitarbeiter und Sie
mit den jeweiligen Begriffen verbinden, können Sie darüber sprechen, auf welches
gemeinsame Verständnis Sie sich einigen möchten.

6.3.2 Definieren Sie zuverlässige Rahmenbedingungen

Bauen Sie in Ihrem Team einen verbindlichen Kommunikationsrahmen auf. Bei meinen
Berg- und Kletterexpeditionen lege ich großen Wert auf regelmäßige Treffen und Gesprä-
che mit dem gesamten Team. Diese setze ich meist abends an, um mit den Teilnehmern
den Tag mit allen Höhen und Herausforderungen Revue passieren zu lassen und eine
Bilanz zu ziehen. Oft nutze ich dabei die simple Frage: „Was war für dich heute dein
High und was dein Low/deine Challenge?"

Auch im Unternehmen sind solche regelmäßigen Zusammenkünfte wichtig und notwendig. Dabei hilft die Frage: „Was ist heute gut gelaufen und was werden wir morgen
anders machen?" Mit solchen Treffen und Fragen öffnen Sie den Raum für Austausch
und Entwicklung. Wesentlich für den Erfolg solcher Treffen ist Verbindlichkeit: Was Sie
als Führungskraft zusagen, müssen Sie einhalten. Falls Sie Informationen haben, diese
aber noch nicht weitergeben können, sagen Sie auch das. Ehrlichkeit und Transparenz
sind die Basis für Vertrauen innerhalb Ihres Teams. Ihr Team muss darauf vertrauen
können: Alles was Sie als Führungskraft sagen, ist hundertprozentig ehrlich, auch wenn
Sie manchmal nicht alles sagen können, was Sie bereits wissen.

Bereiten Sie Meetings und Gespräche gut vor. Nehmen Sie sich vorher genügend Zeit,
um die Agenda zu prüfen: Sind die geplanten Tagesordnungspunkte wichtig und wann
wird welches Thema angesprochen? Entscheiden Sie ebenfalls vorab, ob es sinnvoll ist,
die einzelnen Themen in diesem Rahmen zu besprechen. Gehören sie vor ein bestimmtes Plenum oder in eine kleinere Gruppe? Welcher Zeitrahmen ist geeignet – und wie
führen Sie das Gespräch, damit diese Planung eingehalten werden kann? Definieren Sie
vorab, welche Abläufe und zeitlichen Bedingungen für Ihre Zusammenkünfte gelten. So
können Sie sich auf Inhalte statt auf Formalien konzentrieren.

Überlegen und entscheiden Sie, welche Inhalte wo und wann kommuniziert werden:
Operative Entscheidungen können Sie am besten auf den regelmäßigen Arbeitsbespre-

chungen – Jours fixes oder Teamsitzungen – und in den Gesprächen mit einzelnen Mitarbeitern besprechen.

Strategische Abstimmungen dagegen gehören auf die Agenda bei Strategiemeetings und Mitarbeitergesprächen, die in größeren Abständen stattfinden.

Folgende Meetings und Gesprächsrunden sind in den meisten Unternehmen als feste Größen etabliert:

Die Teamrunde – oft auch Jour fixe genannt – sollte zuverlässig wöchentlich oder alle zwei Wochen stattfinden. Wichtig ist, dass dieser Termin verbindlich gehandhabt wird. Das gewährleistet, dass auch Probleme und schwierige Fragen zeitnah angesprochen werden können und nicht wochenlang schwelen, bevor sie sich plötzlich entladen – und Sie als Führungskraft mit Ihrem Team nicht mehr agieren, sondern nur noch reagieren und Schadensbegrenzung betreiben können.

Ein Teammitglied sollte den Jour fixe vorbereiten, sich also um die gemeinsame Agenda kümmern, wenn nötig einen Raum buchen und die anderen Mitarbeiter einladen. Danach sollte diese Person auch das Protokoll innerhalb weniger Stunden erstellen und an alle versenden. Dadurch bleiben Vereinbarungen transparent – und auch die nicht anwesenden Mitglieder werden informiert. Diese Verantwortung wechselt am besten jedes Mal zu einem anderen Mitarbeiter.

Der Ablauf des Jour fixe sollte zuverlässig gleich bleiben, sodass sich alle auf die Inhalte konzentrieren können. Die Runde sollte mit positiven Aspekten starten, dann können Probleme angesprochen und mögliche Lösungen diskutiert werden. Der Abschluss sollte wieder positiv sein: Hier können nochmals klare Vereinbarungen und Ziele, motivierende Ausblicke und positive Aspekte thematisiert werden.

Sinnvoll sind feste Rituale, etwa eine kurze Runde zu Beginn, in der jeder Mitarbeiter seine vergangene Woche in wenigen Sätzen Revue passieren lässt oder die anderen im Team zum Status seiner aktuellen Projekte auf den neuesten Stand bringt. Danach ist eine Protokollnachlese der letzten Besprechung sinnvoll: Welche Punkte sind erledigt, wo besteht noch Handlungsbedarf? Danach können die weiteren Agenda-Punkte abgehandelt werden. Am Schluss gleichen Sie nochmals die gesetzten Termine und Vereinbarungen ab und verabreden den nächsten Jour fixe.

Einzelbesprechungen: Wie oft Gespräche unter vier Augen – also zwischen Ihnen und den einzelnen Mitarbeitern Ihres Teams – stattfinden, hängt von vielen Bedingungen ab. Etwa von der Struktur Ihrer Tätigkeit, der Teamgröße und auch dem inhaltlichen Bedarf nach Einzelabstimmung in Ihrem Unternehmen beziehungsweise Team. Gerade wenn Sie ein Team neu übernehmen, ist es sinnvoll, die Mitarbeiter mehrmals auch einzeln zu sprechen, um deren Aufgabenbereiche und Kompetenzen einschätzen zu können und sie als Menschen näher kennenzulernen. Im Sinne des Situational Leadership nach Hersey und Blanchard (siehe Kapitel 3) können Sie diese Treffen in der anfänglichen Phase des Instruierens auch nutzen, um sich über eine gemeinsame Gesprächskultur zu verständigen. Mehr und mehr kann dann die Verantwortung dafür an den Mitarbeiter übergehen.

Mitarbeitergespräche finden in den meisten Unternehmen ein- oder zweimal jährlich statt. Sie sind wichtige Führungsinstrumente. Diese Treffen sollten einen definierten

Rahmen haben, was den Ablauf und die Zeit betrifft. Inhaltlich geht es hierbei um umfassendere Aspekte als bei den regelmäßigen Treffen innerhalb des Teams. Im Mittelpunkt eines Mitarbeitergesprächs stehen der Gedanke des konstruktiven Förderns und die Fragen, wie sich der Mitarbeiter entwickelt hat, welche Ziele erreicht wurden, welche neuen gesetzt werden. Wichtig ist dabei, dass die vereinbarten Ziele klar, realistisch und überschaubar sind. Achten Sie darauf, dass in diesem Gespräch der Mitarbeiter ausreichend Raum hat, seine eigenen Ideen und Einschätzungen zu verbalisieren. Auch ein Feedback des Mitarbeiters zu Ihnen als Führungskraft und zur Zusammenarbeit im Team sollte Platz finden.

Am besten hält der Mitarbeiter die getroffenen Vereinbarungen schriftlich fest, damit im weiteren Projektverlauf oder bei den folgenden Gesprächen eine gemeinsame Basis für weitere Abstimmungen da ist. Nicht zuletzt ist ein schriftliches Protokoll auch nützlich, um sicherzustellen, dass beide dasselbe Verständnis vom Besprochenen haben.

Workshops oder Teamklausuren finden in Unternehmen oder Teams meist dann statt, wenn es einen konkreten Anlass gibt. Sei es die Notwendigkeit, die Teambildung oder -entwicklung gezielt voranzubringen, oder die Tatsache, dass im Unternehmen oder im Team eine neue strategische Ausrichtung nötig wird oder veränderte Projekte und Abläufe neue Herangehensweisen brauchen. Oft ist es sinnvoll, wenn Workshops von Außenstehenden geleitet werden, weil sie einen unparteiischen Blick aufs Team haben und dafür ausgebildet sind.

Strategiemeetings, Mitarbeiterversammlungen und andere Treffen finden in den meisten Unternehmen in größeren Abständen – etwa einmal jährlich – statt. Dort werden Ergebnisse und Abläufe des vergangenen Jahres betrachtet und die nächsten strategischen Projekte kollektiv verankert.

6.3.3 Die Bedeutung einer guten Feedbackkultur

Positive Kommunikation bedeutet nicht, Kritik und Probleme zu verdrängen und zu leugnen, sondern im Gegenteil diese konstruktiv und lösungsorientiert anzusprechen. Ich fordere von meinen Mitstreitern am Berg in den abendlichen Treffen aktiv Feedback ein. Ebenso achte ich darauf in der Entwicklung von Führungskräften oder bei Teamentwicklungen. Diese Feedbackrunden sehe ich als ein Ventil – falls Druck drin ist, muss er raus. Dieser Druck kann in Form von Frustrationen, Informationen, Gefühlen und Gedanken entstehen, die unbearbeitet in jemandem schwelen. Manchmal steht auch nur das Bedürfnis nach Austausch dahinter. Gibt es kein Ventil, werden Informationen und Impressionen über andere Kanäle ausgedrückt. Womöglich, ohne dass Sie diese als Führungskraft registrieren können.

Wenn ich der Leiter eines Teams bin, bitte ich meine Teammitglieder darum, mich auf Fehler hinzuweisen oder mich auf Maßnahmen und Abläufe anzusprechen, die sie nicht als sinnvoll empfinden. Das gibt mir die Möglichkeit, Missverständnisse aufzuklären oder Prozesse zu verändern.

Wenn ich merke, dass ich Fehler gemacht habe, entschuldige ich mich dafür. Das halte ich für wichtig und möchte Sie ebenfalls dazu ermutigen. Sie werden sehen, dass Ihre Mitarbeiter ehrliche Entschuldigungen respektieren und dies allgemein zu einem positiven und konstruktiven Umgang mit Fehlern beiträgt.

Damit Feedback als produktives Werkzeug der Weiterentwicklung genutzt werden kann, verankern Sie folgende Regeln im Team:

- Feedback ist ein Geschenk vom Geber an den Empfänger. Das heißt, der Empfänger kann sich entscheiden, ob er bereit ist für dieses Geschenk und was er damit tun möchte. Vielleicht landet das Geschenk auf irgendeiner „Ablage" und sein Wert wird erst bei näherem Hinschauen sichtbar. Irgendwann hatte ich die Idee, dass ein Feedback eigentlich wie ein Foto von mir in einer bestimmten Situation ist. An manchen Fotos habe ich Freude, auf anderen mag ich mich nicht so gut leiden. Diese stellen aber auch die Realität dar und ermöglichen uns Weiterentwicklung.

- Das Geschenk hat folgende Struktur:

- Die Rückmeldung ist von einer wertschätzenden Haltung geprägt und das Geschenk sollte annehmbar sein.

- Es ist eine Ich-Botschaft von mir zu dir.

- Die Rückmeldung ist konkret, spezifisch und beruht auf Wahrnehmungen beziehungsweise Beobachtungen.

- Es wird vom Gebenden mit einer Information zum erwünschten Verhalten oder Zustand abgeschlossen, etwa so: „Ich schätze dich als Mensch. Du bist einer der wertvollsten Mitarbeiter im Unternehmen. In der Situation XY merkte ich, dass ich mit deinem Verhalten ein Problem hatte. Es erzeugte in mir ein Gefühl der Unsicherheit und Beschämung, weil … In Zukunft wünsche ich mir, dass …"

- Der Feedbacknehmer sollte sich für das Feedback bedanken (können) und in keiner Weise rechtfertigen. Es ist eine Sichtweise aus einem anderen Land, die ihm gerade gezeigt wurde.

- Geben Sie so oft wie möglich positives Feedback. Schulen Sie den gemeinsamen Blick auf das, was gut läuft, sich positiv entwickelt, funktioniert und Freude macht.

- Fördern Sie eine konstruktive Feedbackkultur – durch Ihr eigenes Beispiel und dadurch, dass Sie Mitarbeitern signalisieren, welche Art von Feedback Sie sich innerhalb Ihres Teams wünschen. Wenn Sie diese Feedbackregeln im Team verankern, wird es Ihnen auch als Führungskraft möglich sein, Feedback als Ressource zu schätzen.

Um diese Feedbackkultur im Unternehmen zu verankern, ist es wichtig, dass Sie sich vor unangenehmen und ehrlichen Gesprächen nicht scheuen. Sonst würden Sie die Botschaft senden, dass Fehlverhalten ignoriert und ausgehalten wird. Veränderung würde so unmöglich und die Kommunikationskultur unter Umständen schwer beschädigt werden.

■ 6.4 Survival-Tipps für gute Kommunikation

- **Kommunizieren ist Gold**. Sparen Sie als Führungskraft nicht in der Kommunikation. Alles, was Sie an Energie und Zeit in eine Verbesserung Ihrer Kommunikation investieren, hilft Ihnen, Ihr Team zu entwickeln und Visionen erfolgreich gemeinsam umzusetzen.

- **Entwickeln Sie eine gemeinsame Sprache**. Das gelingt, indem Sie bewusst Begriffe definieren, zu denen alle im Team ein gemeinsames Verständnis haben. Hinterfragen Sie mehrmals, ob tatsächlich alle Mitarbeiter diese Begriffe mit demselben Inhalt besetzt sehen. So minimieren Sie Missverständnisse und sorgen dafür, dass gerade in Extremsituationen jedem Mitarbeiter klar ist, welche Begrifflichkeiten welches Verhalten erfordern.

- **Kommunizieren Sie aufmerksam und mit wachem Blick für Ihr Gegenüber**. Das bedeutet, hinzuhören und hinzufühlen: Was möchte der andere sagen? Was fühlt er? In welcher Situation befindet er sich gerade? Wie kommt das, was Sie senden, beim Gegenüber an?

- **Fragen Sie nach**. „Spiegeln" Sie die Aussagen Ihres Gegenübers, um sicherzugehen, dass Sie das Gesagte richtig gehört und im nächsten Schritt auch verstanden haben. Geeignet sind Fragen wie: „Das Projekt wird bis zum Ende der nächsten Woche abgeschlossen sein – habe ich dich gehört?"

- **Behalten Sie den positiven Blick auf Ihr Gegenüber bei**. Reflektieren Sie regelmäßig, wie Sie Fragen, Bitten, Anleitungen und Feedbacks formulieren – und welche Bilder Sie von Ihren Mitarbeitern im Kopf haben, während sie mit ihnen kommunizieren. Machen Sie sich immer wieder bewusst, dass die Art, mit der Sie Ihre Mitarbeiter sehen, durch Ihre Kommunikation deutlich wird und eine Entwicklung in die eine oder andere Richtung bewirkt.

- **Leben Sie die gewünschte Kommunikation vor**. Ihre Mitarbeiter erleben Sie in verschiedenen Kommunikationssituationen innerhalb oder außerhalb des Teams. Wenn Sie bestimmte Standards im Team implementieren und aufrechterhalten möchten, müssen Sie selbst diese authentisch zeigen, ob in der Interaktion mit Ihren Mitarbeitern, anderen Führungskräften, eigenen Vorgesetzten oder Externen.

■ 6.5 Literatur

Hendrix, Harville: *So viel Liebe wie Du brauchst.* Renate Götz Verlag, Dörfles 2009.

Marshall B. Rosenberg, Marshall, B.: *Gewaltfreie Kommunikation.* 11. Auflage, Junfermann, Paderborn 2013.

Purps-Pardigol, Sebastian: *Führen mit Hirn. Mitarbeiter begeistern und Unternehmenserfolg steigern.* Campus Verlag, Frankfurt am Main 2015.

Schulz von Thun, Friedemann: *Miteinander reden: Störungen und Klärungen. Psychologie der zwischenmenschlichen Kommunikation.* Rowohlt Verlag, Reinbek 1981.

Watzlawick, Paul; Beavin, Janet H.; Jackson, Don D.: *Menschliche Kommunikation. Formen, Störungen, Paradoxien.* Verlag Hans Huber, Bern 2000.

Wenn es extrem wird – über Krisen, Risiken und Chancen

Die erste Bergung eines Verletzten in liegender Haltung aus 7.500 Metern am Cho Oyu (© Foto: Stefan Gatt).

Krisensituationen sind Zerreißproben – auch für Ihre Führungsqualitäten. Ihre Fähigkeit zur schnellen Analyse und die Entscheidungsfreude werden geprüft, ebenso Ihre Konsequenz und Ihr Engagement. Und nicht zuletzt steht die Beziehung zu Ihrem Team auf dem Prüfstand: Jetzt zeigt sich, wie gut Sie Ihre Mitarbeiter einschätzen und führen, und auch, ob das gesamte Team miteinander „funktioniert". Denn eine Krise kann ein Team zerstören – oder es gefestigt in die Zukunft gehen lassen.

 Licht und Schatten am Cho Oyu – Bergung aus der Todeszone

Oder: Wozu beim Aufstieg auf einen Achttausender Leberwurstaufstrich gut ist

Im Jahre 1996 wurde mein Traum wahr: Wir fuhren nach Tibet zum Cho Oyu, dem sechsthöchsten Achttausender. Als wir nach drei Wochen Akklimatisierungsprogramm mit kulturellen Höhepunkten in China (Chinesische Mauer in Peking und Terracottaarmee in Xian) und Tibet (diverse tibetische Klöster) das „Tichy-Basislager" am Fuße des Cho Oyu erreichen, sprühen alle Teilnehmer vor Energie. Unser internationales Team von 16 Männern und zwei Frauen ist aufgrund der behutsamen Gewöhnung an Höhen bis 6.000 Meter bestens vorbereitet. Nach einem ruhigen Rasttag im Basislager starten die ersten acht Gefährten ins Lager I. Als diese Gruppe am nächsten Tag ins Lager II aufsteigt, starte ich mit Siren Greve, einer Norwegerin, meinem Vater und Hans Kroissenbrunner. Von der ersten Gruppe kehrt die Hälfte nach dem Aufstieg zum Lager II ins Basislager zurück, um sich zu erholen und neue Kraft zu schöpfen. Die anderen vier erreichen Lager IV auf 7.500 Metern. Die Bedingungen sind extrem, minus 25 Grad Celsius und starker Wind. Zwei aus der Vierergruppe steigen wieder ab, während die anderen beiden, Much und Franz, weitergehen.

Ich selbst fühle mich prächtig. In der Nacht schlafe ich auf 6.800 Metern tief und fest und tagsüber schaffe ich über 200 Höhenmeter pro Stunde. Die Leistungsfähigkeit ist in Höhen über 7.000 Meter auf circa 20 Prozent herabgesetzt. Ich fühle mich topfit in der neuen Höhenlage und in mir keimt das Gefühl auf, eine realistische Chance auf einen Gipfelgang zu haben. Als ich später Lager IV auf 7.500 Metern erreiche, taumelt mir Much aus dem ersten Zelt mit einer Tasse Zwiebelsuppe in der Hand entgegen. Ich muss ihn nicht fragen, ob er auf dem Gipfel war, man sieht es ihm an: Er ist blass und ausgezehrt, aber seine Augen funkeln zufrieden. Ich gratuliere ihm – er grinst. „Kalt war's schon. Aber schau mal rüber zum Obermüller ins Zelt. Ich glaube, der hat sich den Haxen gebrochen."

Mit ähnlicher Gleichgültigkeit, wie dieser Satz von Much gesagt wurde, nehme ich die Information auf. Die große Höhe dämpft die Emotionalität. Langsam sickert der Inhalt der Information ins Bewusstsein und mir wird klar, was das bedeutet: Das ist ein Worst-Case-Szenario. Ich weiß nicht, ob jemals jemand eine solche Situation überlebt hat.

Sofort sehe ich nach, was los ist. Das Außenzelt ist zerrissen. Der Zipp des Innenzelts ist halb geöffnet. Ich bin auf alles gefasst. Diagonal liegt ein lebloser Körper zur Hälfte im Schlafsack. Als Franz, ein 50-jähriger Familienvater aus Tirol, mich bemerkt, richtet er sich unter Stöhnen ein wenig auf, sodass ich sein Gesicht sehen kann. Ich blicke in seine verzweifelten, müden Augen. Er erzählt mir von seinem Unglück.

„Ich habe den Gipfel erreicht, bin aber gleich wieder abgestiegen. Bis unter das Gelbe Band ging alles gut. Doch dann bin ich plötzlich mit einem Fuß in eine verschneite Spalte eingebrochen. Um nicht mit dem ganzen Körper hineinzufallen, hab ich mich schnell nach vorn geworfen, konnte aber den Sturz über eine kleine Seracmauer und dann über den vereisten Steilhang nicht mehr verhindern. Irgendwann auf dieser Talfahrt verfing sich mein linkes Steigeisen im Eis. Es krachte nur mehr und ich wusste, dass mei Haxn gebrochen ist. Auf allen Vieren hab ich es noch ins schützende Zelt geschafft, sonst wäre ich im Sturm erfroren."

Ich blicke auf sein Bein, taste es vorsichtig ab, rate ihm, den Bergschuh anzubehalten, um das Anschwellen zu bremsen. Außerdem habe ich Angst, dass ihm das Ausziehen des Schuhs zusätzliche Schmerzen bereiten wird, doch das verschweige ich ihm. Trotz eines leichten Schocks und seiner großen Erschöpfung ist sein körperlicher Zustand stabil. Seine psychische Verfassung ist allerdings besorgniserregend. Er spricht vom Tod und von seinen Söhnen, die ich nach der Heimkehr besuchen solle. Ich weiß, dass es sich vermutlich um eine reaktive Depression handelt, denn Franz ist klar, dass die Rettungschancen in dieser Höhe minimal sind. Immer wieder stöhnt er: „Lasst's mi liegn – lasst's mi sterbn!"

Irgendwann reicht mir das Gejammer und ich sage: „Franz, Schluss jetzt, in meiner Expedition wird nicht gestorben!"

Die Konsequenz dieser Aussage wird mir sofort bewusst und ich denke mir: „Wow, starke Worte. Das musst du jetzt erst einmal beweisen."

Meine Intuition sagt mir: Es ist zu schaffen. Ich mache Franz Mut, versuche ihn zu ermuntern, Schnee zu schmelzen und Tee zu kochen.

Unser eigener Zeltplatz ist schnell vorbereitet. Auch Siren hat mittlerweile das Lager IV erreicht. Gemeinsam stellen wir das Zelt auf. Danach beginne ich zu kochen.

In meinem Kopf fahren die Gedanken Karussell: Ich fühle mich enorm stark, ich weiß, ich kann es schaffen, auf den Gipfel zu kommen – und denke bei mir: „Morgen steige ich auf diesen Achttausender – und auf dem Rückweg nehmen wir Franz mit." Der Gipfelsieg ist sehr verlockend und verführerisch. Weiter und weiter kreisen die Gedanken, ich suche nach immer neuen Möglichkeiten, beides unter einen Hut zu bringen.

Als mein Vater das Lager erreicht, beginnt der Krisengipfel. Nach und nach realisieren wir, dass nicht beides machbar ist: Ein Gipfelversuch und der Rettungstransport würden zu anstrengend werden. Es ist nicht einfach für mich und die anderen, die Idee vom Gipfel sterben zu lassen. Franz' Überleben hat klar Priorität. Da die Gehirnaktivität in dieser Höhe bekanntlich herabgesetzt ist, brauchen wir dennoch fast eine Stunde, bis wir uns mit der neuen Situation angefreundet haben.

Während wir heißen Tee schlürfen, erkläre ich meinem Vater den Plan für die Bergung. Zuerst Franz in einen Biwaksack verschnüren und dann Stück für Stück über die Aufstiegsroute abseilen. Danach teile ich Franz und Hans die geplante Strategie mit.

Um acht Uhr abends funke ich ins Basislager und schildere kurz die Lage. Philipp, einen Sportlehrer aus der Schweiz, betraue ich mit der Leitung des Basislagerteams. Dann bereite ich die Kameraden auf den ihnen bevorstehenden Teil der weiteren Bergung vom Lager I aus vor. Wir vereinbaren, für den nächsten Tag die Funkintervalle auf zwei Stunden zu verkürzen, damit alle immer auf dem Laufenden sind. Völlig selbstverständlich stimmt jeder seinen Aufgaben im Krisenplan zu. Das Team funktioniert.

Der nächste Tag beginnt mit denselben Ritualen wie immer. Nach dem Aufwachen den Ruhepuls im Liegen messen, langsam aufsetzen, den Reif, der sich während der Nacht durch die Atemfeuchtigkeit auf der Zeltinnenseite angesammelt hat, abkratzen und Schnee schmelzen. Jeder Handgriff ist mühsam, die Gegenstände im Zelt sind eiskalt. Als der Kocher surrt, wird es augenblicklich wärmer, zumindest im oberen Zeltbereich. Es gibt Tee, Ovomaltine und Grießbrei zum Frühstück – wie in meiner frühesten Kindheit. Um 9.30 Uhr streifen die ersten Sonnenstrahlen unsere Zelte. Endlich wird es wärmer. Wir packen unsere Rucksäcke. Um 10.30 Uhr beginnen wir mit der Bergung. Mein Vater steigt zum Gelben Band auf, einer markanten gelben Kalksteinschicht auf etwa 7.750 Metern, um ein möglichst langes Fixseil abzuschneiden, das von einer anderen Expeditionsgruppe zurückgelassen wurde. Ich beginne, Franz zu verpacken. Zwei Biwaksäcke, zwei Matten und zwei Schlafsäcke sollen ihn vor dem Auskühlen schützen, sein Brustgurt soll einen Absturz vermeiden und ihm Sicherheit geben. An den gebrochenen Fuß lege ich eine behelfsmäßige Schiene aus seinen Skistöcken und einer elastischen Binde an.

Dann widme ich mich der Biwaksackverschnürung. Bei meiner Bergführerausbildung haben wir diese Bergungstechnik nur ein einziges Mal kurz in der Praxis ausprobiert, aber das war offensichtlich ausreichend. Trotz der Höhe kehren meine Erinnerungen zurück und ich weiß, was zu tun ist.

Bei dieser speziellen Technik der Biwakverschnürung werden Schneebälle benötigt. Die Schneebälle werden von unten in den Biwaksack platziert und mit dem Nylonstoff des Biwaksackes ummantelt, dann bindet man mit einer Reepschnur einen Mastwurf um den Stoff unterhalb des Schneeballs. Dadurch entsteht so etwas wie ein Knopf. Wenn man dann auf der anderen Seite des Körpers das Gleiche macht, entsteht eine reissfeste Verbindung. Nach dem zweiten Schneeball stelle ich jedoch mit eiskalten Fingern fest, dass es unmöglich ist, auf dieser Höhe 16 Schneebälle aus dem extrem trockenen und kalten Schnee zu formen. Ich bin gezwungen, nach Alternativen zu suchen. Mir fällt ein, dass ich stattdessen nur halbwegs runde Gegenstände in der Größe kleiner Schneebälle brauche. Die Suche in Franz' Verpflegungssack bringt nur zwei Dosen Leberbrotaufstrich zutage. Nur? Nein! Das ist die Lösung! Ich verwende diese und alles andere, was ich finde, als Schneeballersatz: Halbe Schokoladenriegel, Seidenhandschuhe, Plastiksäckchen mit Erdnüssen, eine Gesichtsmaske, ein Zuckersäckchen, Teebeutel und auch Klopapier kommen zum Einsatz. Franz betrachtet mich während des ganzen Prozederes einigermaßen vertrauensvoll. Seine Todesängste der Nacht sind verflogen, er schöpft neuen Mut.

Zu Mittag sind wir startklar. Mein Vater konnte etwa 80 Meter Fixseil abschneiden. Oder besser gesagt: 80 Meter Reepschnur mit fünf Millimetern Durchmesser. Ich bereite noch zwei Ausgleichsverankerungen mit Firnschwertern vor – und los geht's. Hans geht langsam voraus, um im Lager II einstweilen Schnee zu schmelzen und etwas Tee vorzubereiten. Er ist unsere stille Kraft im Hintergrund, die wichtige moralische Unterstützung leistet. Much ist – total erschöpft – bereits am Vormittag ins Tal abgestiegen. Siren und mein Vater ziehen, ich sichere währenddessen unseren Franz, der wie eine Mumie verpackt zu Tal gleitet. Der Biwaksack mit den 100 Kilo Franz drinnen gleitet ausgezeichnet. Leider folgt unser Paket immer der Falllinie. Nur keinen Fehler machen, sonst zischt es davon.

Gleich nach dem Lager müssen wir eine Querung durchführen. Ich fange erste verzweifelte Blicke von meinen beiden Zugpferden auf: Ob wir das schaffen?

Die Bergung beginnt. Siren Greve, mein Vater und Franz Obermüller in der Biwaksackverschnürung auf 7.500 Metern am Cho Oyu (© Foto: Stefan Gatt).

Nach der Querung wechsle ich mit meinem Vater die Position. Wenn das Seil vollständig ausgegeben ist, muss der Verletzte immer mit einem „Geflechtknoten" in die Ausgleichsverankerung eingebunden werden, da dies einer der wenigen Knoten ist, der auch unter voller Belastung geöffnet werden kann. Dann wird die obere Verankerung gelöst und abgebaut, während ich Franz wieder in die Halbmastwurfsicherung einhänge, das Geflecht löse und auf die Firnschwertverankerung vom letzten Standplatz warte. Danach beginnt das Spiel von Neuem.

So legen wir langsam, aber sicher Höhenmeter um Höhenmeter zurück. An den vereisten Stellen verwenden wir vorhandene Fixseilverankerungen als Standplatz. Franz erträgt die Prozedur mit stoischer Ruhe und versucht, mit den Armen etwas mitzuhelfen.

Auf 6.850 Metern ereignet sich ein Zwischenfall. Ich stehe an einem drei Meter hohen Abbruch, Franz liegt quer vor mir. Gegen den Wind rufe ich meinem Vater zu, dass ich mit Franz über diesen Abbruch „hinunterspringe" und er sich nicht schrecken soll. Er nickt. Ich hebe Franz hoch und lasse mich nach hinten in das mäßig gespannte Seil fallen. Es dehnte sich und ich lande weich auf einem Absatz. Das Seil ist nun extrem gespannt. Ich wundere mich, warum mein Vater das Seil nicht locker lässt. Plötzlich höre ich Siren, die schräg links von mir in der Eisflanke ist, etwas Unverständliches schreien. „I can't understand you!" ich zurück. Wieder höre ich sie unverständliche Worte rufen. Plötzlich verstehe ich zwei Worte: „His fingers!" Schlagartig wird mir klar, dass mein Vater sich die Finger in der Bremse eingeklemmt hat und deshalb nicht locker lässt. Wie der Blitz bin ich aus meiner Sicherung ausgehängt und reiße mir den

Rucksack vom Rücken. Mein nächster Blick geht in Richtung Tal: Wohin könnte Franz rutschen, wenn ich das Seil kappe. Im nächsten Moment sehe ich die große Mulde mit Lager II, in die er rutschen würde. Also kein Problem. Zwischendurch überlege ich, wo ich mein Messer habe. Beim Anblick des Eispickels von Franz sticht mir eine scharfe Kante am Pickelende ins Auge. Sofort habe ich den Pickel abmontiert und reibe die Kante mit viel Druck am gespannten Seil. Mit einem leisen Knall reißt das Seil. Ich überprüfe, ob Franz sicher liegt und nicht abrutschen kann. Dann renne ich auf den Frontalzacken meiner Steigeisen die steile, vereiste 60-Meter-Flanke hinauf. Mein Vater steht gebückt bei der Verankerung und reibt sich mit schmerzverzerrtem Gesicht die Finger. Ich bringe vor lauter Keuchen kein Wort heraus und höre ihn sagen: „Alles klar, nur gequetscht, nichts gebrochen oder abgetrennt, es tut nur höllisch weh."

Ich betrachte seine Finger, die zwischen die Seile in den HMS-Karabiner gerutscht sind. Glücklicherweise hat er dicke Handschuhe an und ich habe schnell reagiert. Er war auf den plötzlichen Ruck nicht vorbereitet. Wieder ein typisches Kommunikationsproblem, wie damals am Cerro Torre, wo ich in die Spalte stürzte (siehe Kapitel 6).

Auf den letzten Metern zum Lager II auf 6.800 Metern reißt mich Franz aus dem Gleichgewicht (© Foto: Erich Gatt).

Im Lager II werden wir mit heißem Tee von Hans empfangen. Franz ist von den Strapazen gezeichnet und verliert trotz unserer Aufmunterungen immer mehr den Mut. Im Gegensatz dazu steigt unsere Zuversicht, wie geplant Lager I zu erreichen und damit sein Überleben zu sichern.

**Im Lager II auf 6.800 Metern – unser erster großer Zwischenerfolg
(© Foto: Stefan Gatt).**

Jetzt kommt die Schlüsselstelle der ganzen Bergung: die Eismauer. Auf gut
60 Metern fällt die Hälfte des Abbruchs fast senkrecht ab. Franz hängt mit
seinem ganzen Gewicht im Brustgurt. Wenn zu diesem Zeitpunkt ein Problem beim Abseilen auftreten würde, wäre ein orthostatischer Schock die
Folge, da die Blutzirkulation durch den starken Zug unter den Achseln le-
bensgefährlich beeinträchtigt werden würde. Franz muss sich schrecklich
fühlen – hilflos aufgehängt wie eine Speckseite zum Trocknen. Hätte er
ein Messer gehabt, hätte er vermutlich das Seil gekappt, um seinen
Schmerzen ein Ende zu bereiten.

**In der Eismauer auf 6.750 Metern: der schmerzhafteste Teil der
Bergung für den Verletzten (© Foto: Erich Gatt).**

Die Tortur nimmt kein Ende. Am Fuße der Eismauer hüllt uns ein Schnee-sturm in gespenstisches Licht (siehe Foto am Kapitelbeginn). Schneekris-talle tanzen durch die Luft. Nebelfetzen jagen über den Grat. Nach einer endlos langen Stunde ist der Spuk vorbei. Das Abendlicht färbt die Berge bereits in sanftes Gelb.

Die letzte Hürde stellt ein übermannshoher Granitblock, der auf einem Gratstück mit Gegensteigung nur 40 Zentimeter Platz zum Passieren lässt. Wir mobilisieren alles an Restkräften und wissen, dass wir durchhal-ten müssen. Stück für Stück zerren wir unseren Verletzten hinauf. Immer wieder müssen wir stehen bleiben, um hechelnd nach Luft zu schnappen. Die 6.500 Meter fordern ihren Tribut.

Um halb neun am Abend erreichen wir Lager I. Franz laufen die Tränen über die Wangen. Er weiß nun, dass er der größten Gefahr entronnen ist und gute Chancen hat, zu überleben. Das öffnet alle Schleusen. Nachdem wir Franz notdürftig aus seiner Mumienhülle befreit haben, sinken wir er-schöpft auf unsere Rucksäcke.

Franz Obermüller nach dem ersten erfolgreichen Bergungstag im Lager I auf 6.450 Metern (© Foto: Stefan Gatt).

Wir bereiten Franz ein halbwegs bequemes Nachtlager und lassen ihn mit Hans im Lager I zurück. Hans kümmert sich die ganze Nacht um unseren Verletzten und kocht ihm heiße Getränke, bis er selbst völlig erschöpft in den Schlaf sinkt.

Um wirklich sicher zu sein, dass der weitere Abtransport reibungslos funktioniert, beschließen wir, gleich noch ins Basislager abzusteigen. Der Funkkontakt ist zwar ausgezeichnet, aber sicher ist sicher. Abgesehen davon können wir uns im Basislager auf 5.700 Metern viel besser erholen. Wir haben es bitter nötig! Und bis zum nächsten Tag können wir für Franz nichts mehr tun. Die Dunkelheit der Nacht lässt jeden Moränenrücken ähnlich aussehen, und die Erschöpfung tut das Ihrige, sodass wir mehrmals den falschen Weg einschlagen. Erst um zwei Uhr nachts erreichen wir das Basislager – am Ende unserer Kräfte. Noch eine kurze Unterredung mit Henner, unserem Arzt, und Philipp, die uns beide versichern, dass alle Vorbereitungen getroffen sind. Dann sinke ich erschöpft in einen traumlosen Schlaf.

Erst mittags stecke ich die Nase wieder aus dem Zelt, angetrieben von einem gigantischen Hunger. Acht unserer Kameraden, unterstützt von unseren zwei nepalesischen Köchen und zwei tibetischen Trägern, sind bereits seit vier Stunden bei Franz. Philipp verabreicht ihm zwei Spritzen mit Schmerzmitteln, dann wird er in einen Bergesack mit eingenähten Haltegriffen verpackt. Vor dem Abtransport wird meine kreative Biwaksackverschnürung aufgeknotet, welche die Qualität eines Adventkalenders zeigt: In jedem Sackerl ist etwas anderes verpackt.

Der Transport über das lose, stellenweise steile Geröll gestaltet sich äußerst aufreibend für das zweite Bergungsteam. Am Nachmittag kommen dem Bergetrupp die Kameraden von der Wiener Parallelexpedition zu Hilfe. Eine Geste der Kameradschaft, die für unser Team und den Erfolg unserer Bergung sehr wichtig ist. Eine Stunde später gehe ich dem Rettungstrupp entgegen.

Als ich sie in den Moränenwällen auftauchen sehe, habe ich eine Skulptur von Rodin vor Augen, die plötzlich zum Leben erwacht – und dann eine Gruppe von Ameisen, die eine große Larve zu ihrem Bau schleppt. Immer wieder rutscht einer der Helfer aus, um im nächsten Moment von einem anderen Helfer ersetzt zu werden. Das Tempo ähnelt einem Leichenzug. Die Gefährten sind trotz ernster Lage guter Stimmung.

Bergetrupp auf dem Moränenrücken in Richtung Basislager auf 5.800 Metern (© Foto: Stefan Gatt).

Nachdem ich dem Basislager per Funk über ihren Fortschritt berichtet habe, folgt mein Vater mit Stirnlampen und heißem Tee.

Erst die hüft-, manchmal sogar brusttiefen Altschneefelder zermürben die Moral der Gruppe. Um elf Uhr abends ist auch diese Hürde überstanden. Die Bergung ist vorbei. Der Küchenjunge hat ein Essen bereitet, das wir wie die ausgehungerten Wölfe verschlingen.

Wir staunen, als um elf Uhr am nächsten Morgen zwölf tibetische Träger im Lager stehen. Jürg, ein weiterer Teilnehmer, hat sie am Vortag im Motorcamp organisiert. Er kann sie frühestens am gestrigen Abend um acht Uhr kontaktiert haben, und es ist sogar für Einheimische ein siebenstündiger Anmarsch. Sie müssen also einen Teil des Weges in der Nacht zurückgelegt haben. Wir sind alle tief berührt von der Hilfsbereitschaft der Tibeter.

Franz Obermüller bei seiner Dankesrede im Basislager am Cho Oyu nach den zwei schwierigsten Tagen der Bergung (© Foto: Stefan Gatt).

Aus dem Fixseil und einigen Zeltstangen wird unter Mithilfe von Gruber Naz, einem Bergrettungsprofi aus Niederösterreich, eine Trage gebastelt. Nach einer Dankesrede von Franz an uns alle verlassen die Träger um 14 Uhr mit Henner und Much das Lager. Zu diesem Zeitpunkt weiß glücklicherweise noch keiner, dass ihnen ein weiterer 14-stündiger Gewaltmarsch bis um sechs Uhr früh bevorsteht. Die Träger schlafen dabei abwechselnd immer wieder kurze Zeit am frostigen Boden, bis sie die Kälte weckt. Die Überquerung eines reißenden Gletscherbaches in den Morgenstunden bringt das ganze Unternehmen beinahe zum Scheitern, da ein Träger den Halt im hüfttiefen Wasser verliert. Schließlich geht alles gut aus.

Die letzte Etappe führt Franz nach Katmandu, von wo aus er nach zwei Rasttagen in die Heimat fliegen kann. Zehn Tage nach dem Unfall werden schließlich sein gebrochenes Wadenbein und der doppelt gebrochene Knöchel in Innsbruck operiert. Ein Jahr später ist Franz wieder völlig fit. Noch eine kleine Bemerkung zum Schluss: Nach drei Rasttagen gelang es meinem Vater, Siren und mir doch noch, den Gipfel zu besteigen – ein Erlebnis, das ich mir unmittelbar nach der Bergung nicht hätte vorstellen können. Durch die Freude an der gelungenen Bergung und die gute Energie in der Gruppe machten wir uns trotz aller Zweifel doch noch auf den Weg nach oben. Drei Tage später standen wir am Gipfel.

■ 7.1 Wie Sie Krisen erfolgreich meistern

Nach unserer spektakulären Rettungsaktion haben wir darüber nachgedacht, welche Aspekte in Ausnahme- und Krisensituationen entscheidend sind. Eine Rettung aus dieser Höhe galt bis damals als unmöglich.

7.1.1 Wie uns die erfolgreiche Rettung gelang

Wieso gelang uns etwas, was bis dahin noch keiner gewagt hatte? Als Gründe ergeben sich für mich Faktoren, die auch erfolgreiche Unternehmen oder Teams in der Wirtschaft auszeichnen:

- **Wir hatten ein klar definiertes Ziel**: Die Zielvorgabe war eindeutig und wurde von allen Beteiligten akzeptiert: Wir wollten Franz retten.

- **Es gab eine starke Vision und den Glauben an den Erfolg**: Ich konnte meinen Mitstreitern das Bild, Franz in der Biwaksackverschnürung über die Schneehänge hinunterzuseilen und am nächsten Tag ins Basislager zu tragen, klar vermitteln. Mein unerschütterlicher Glaube an den Erfolg ging mit zunehmendem Fortschritt auf das Team über.

- **Jeder Einzelne war motiviert durch die starke Vision und den tiefen Sinn**: Diese erzeugten in allen eine starke intrinsische Motivation, ihr Bestes zu geben.

- **Wir waren eine starke Gruppe:** Alle waren gut trainiert und auf der Höhe ihrer physischen und mentalen Kraft. Die Kohäsion im Team war hoch, wir trauten uns viel zu, auch wenn wir uns bewusst waren, dass uns die extreme Höhe einiges abverlangen würde.

- **Es gab eine gute Balance zwischen Führung und Eigenverantwortung**: Führung war immer dann vorhanden, wenn notwendig. Sobald sie nicht nötig war, lag die Verantwortung bei den einzelnen Mitstreitern.

- **Die notwendigen Entscheidungen wurden gefällt**: Diese wurden je nach Situation von mir als Einsatzleiter, von anderen zeitweiligen Leitern und Einzelpersonen oder vom Team im Konsens getroffen und von allen miteinander getragen.

- **Unsere Zwischenerfolge beflügelten uns**: Nach jeder Seillänge freuten wir uns über den kleinen Erfolg und analysierten kurz den Prozess. So arbeiteten wir uns Schritt für Schritt in Richtung Ziel.

- **Wir hatten ein gutes Konfliktmanagement**: Keine Machtkämpfe, kein Imponiergehabe, keine Rechthaberei. Wenn Konflikte auftraten, wurden sie sofort durch die Konfliktparteien ausgeräumt.

- **Es gab definierte Aufgabenbereiche**: Alle Aufgaben und nötigen Rettungsschritte waren klar umrissen und wurden in sinnvollem Wechsel von unterschiedlichen Personen ausgeführt, welche für die jeweiligen Aufgaben bestens geeignet waren.

- **Die äußeren Bedingungen waren günstig**: Es waren ausreichend Ressourcen vorhanden (Personen und Material) und wir waren zum richtigen Zeitpunkt am richtigen Ort. Daher konnten wir auch mit den ungünstigen Bedingungen – Schneesturm, Eiswand, Granitblock etc. –, die wir nicht beeinflussen konnten, so gut umgehen.

7.1.2 Auf einen Blick: Probleme erkennen, entscheiden und handeln

Eine kurze erste Guideline zum Führen in der Krise kann die „PROBAK-Strategie" sein: Sie müssen in Krisensituationen zuerst die Probleme erfassen, Ressourcen checken, Optionen sammeln, einen Beschluss fassen, diesen ausführen und die Ergebnisse kontrollieren (siehe Bild 7.1).

P roblem erfassen (dabei Ruhe bewahren + Ruhe ausstrahlen, Gefahren? ...)

R essourcen checken/schaffen (Zeit, Personal, Material ...)

O ptionen sammeln (Ziel? Probleme? Risiko & Konsequenzen?) → bewerten

B eschluss fassen (Wer ist wofür verantwortlich, Ergebnis bis wann?)

A usführung

K ontrolle (Evaluation des Prozesses, Erkenntnisse für ähnliche Probleme in der Zukunft, replanning)

Bild 7.1 In der Fliegerei beschäftigt man sich schon seit Jahrzehnten damit, wie man in Krisensituationen rasch die richtigen Entscheidungen treffen kann. Im Unispital Basel wurde aus diesen Ansätzen das Akronym PROBAK entwickelt, das Führungskräften in Krisensituationen oder unter Stress eine Unterstützung bieten soll, keine vorschnellen Entscheidungen zu treffen oder unbedachte Handlungen zu setzen. Nutzen Sie das bewährte System, um Schritt für Schritt durch eine Extremsituation zu steuern (Hartmann 2016).

■ 7.2 Führungskraft in Krisenzeiten

Für Sie als Führungskraft ergeben sich beim Führen in der Krise verschiedene Herausforderungen und Möglichkeiten. Besonders gefragt sind jetzt folgende Eigenschaften und Fähigkeiten:

- schnell und treffend analysieren,
- Prioritäten setzen,
- angemessen und souverän führen können,
- Entscheidungen treffen beziehungsweise Entscheidungsprozesse unterstützen,
- offen und klar kommunizieren,
- den Überblick behalten,
- Einzelschritte planen und delegieren,
- Know-how und Fachwissen einbeziehen,
- improvisieren und kreative Lösungen finden,
- mit Blick aufs Team im richtigen Maß motivieren.

7.2.1 Analysieren und Prioritäten setzen

In einer Krise müssen Sie komplexe Situationen rasch überblicken und analysieren. Hierfür können Sie sich auch Unterstützung von einem vertrauenswürdigen Menschen – etwa Ihrer Stellvertretung – holen.

Während Sie insgesamt in Ihrer Führungstätigkeit Prioritäten so setzen sollten, dass wichtige Aufgaben nicht durch die dringenden verdrängt werden (siehe Kapitel 3), kann sich das in Krisensituationen stark verändern. In dieser Phase kann es passieren, dass die dringenden Themen zuerst gelöst werden müssen und alles andere vorerst vertagt werden muss. Denn oberste Priorität ist es, ein bestimmtes Ziel zu erreichen, das sich aus dem Krisenmanagement ergibt. Dafür müssen die bestehenden Ziele überdacht und kurzfristig oder dauerhaft zurückgestellt oder gar aufgegeben werden. Im Beispiel der Bergrettung am Cho Oyu fiel es mir nicht leicht, das Hauptziel der Expedition – gemeinsam mit dem Team den Gipfel zu erreichen und wohlbehalten wieder abzusteigen – für die Rettung hintanzustellen. Auch wenn klar war, dass die Rettung von Franz eindeutig Vorrang hatte, fiel mir der Verzicht auf die Besteigung des Cho Oyu sehr schwer, nicht nur aufgrund des Einflusses der extremen Höhe. Womöglich werden Sie als Führungskraft in ähnliche Situationen kommen und Ziele aufgeben oder vertagen müssen, die Ihnen sehr wichtig sind.

7.2.2 In Krisenzeiten souverän führen, entscheiden und kommunizieren

Führen in Krisensituationen bedeutet, dass die Unsicherheit und damit die Angst im Team steigen. Ihre Mitarbeiter brauchen jetzt eine klare Orientierung, unmissverständliche Anweisungen von einer Führungskraft, die in sich ruht. Seien Sie der Leuchtturm, der auch im stärksten Sturm seine Position nicht verändert, sondern weiterhin zuverlässig seine Funktion wahrnimmt.

Gefragt ist jetzt ein optimal ausgewogener Führungsstil mit maximaler Fokussierung auf das Ziel/die Aufgabe und gleichzeitig auf die Menschen in Ihrem Team (siehe Kapitel 3, Grid). Wenn Sie die Situation analysiert und Ihre Prioritäten gesetzt haben, müssen Sie – oder andere vorher definierte Personen – schnell und sicher entscheiden und dann zügig und bestimmt handeln.

Hierbei gilt es, klug abzuwägen, um eine Balance zwischen Einzel- und Gruppenentscheidung zu finden: Meist müssen Sie Ihr Führungsverhalten in einer Krisensituation so variieren, dass Sie Entscheidungen in Alleinverantwortung und autoritärer als sonst treffen. Wenn die Zeit dafür vorhanden ist, beziehen Sie das Team in die Entscheidung mit ein. Vor allem, wenn Ziele erreicht werden müssen, die allen Teammitgliedern das Äußerste abverlangen. Denn durch eine gemeinsame Entscheidung erhöht sich die Loyalität für das Ziel im Team deutlich. Wie auch immer Sie vorgehen: Von Anfang an muss klar sein, wer eine Entscheidung fällt – und dass diese bei Zeitdruck nicht zu diskutieren ist.

Daraus ergibt sich auch, dass Sie offen und klar kommunizieren müssen: Eine Krise kann herbeigeführt und/oder verstärkt werden, wenn nicht optimal kommuniziert wird. Sobald Gerüchte in Umlauf kommen oder Missverständnisse entstehen, wirken diese auf das Team derart demotivierend, dass allein dadurch nicht nur Krisen verstärkt werden, sondern sogar eigene Krisen entstehen können. Arbeiten Sie deshalb immer am Kommunikationsfluss im Team. Wenn Sie bemerken, dass Missstimmung entsteht, oder das Gefühl haben, etwas Unbestimmtes schwelt, sprechen Sie es an oder nutzen Sie die nächste Teamsitzung zur Klärung. Berufen Sie ein kurzfristiges Treffen ein und klären Sie, was unklar ist. Tun Sie das wenn möglich nicht zwischen Tür und Angel, sondern in einem gezielten und vorbereiteten Gespräch, und tun Sie es so rasch wie möglich! Überlegen Sie vorab, wann Sie welche Themen ansprechen und welches Resultat Sie in dem Gespräch anstreben.

Ein Beispiel aus dem Bergsteigen: Wenn am Gletscher die Gefahr eines Spaltensturzes aufgrund der Sicht oder der Schneebeschaffenheit hoch ist, muss das Seil zwischen den Personen straff gespannt sein, das bedeutet, es darf den Schnee nicht berühren. Damit kann man die Gefahr eines (tiefen) Spaltensturzes vermeiden. Diese Information muss ich meinen Teilnehmern bereits im Vorfeld geben. Denn: Meine Aufgabe als Führungskraft ist es, mir vorher darüber im Klaren zu sein, wo Risiken liegen, und die nötigen Maßnahmen rechtzeitig zu ergreifen.

7.2.3 Das große Ganze im Auge behalten und Details planen

Sie sind derjenige, der den Überblick behält. Sie kennen den Weg zum Ziel oder haben zumindest eine Idee davon, wie Sie und Ihr Team dorthin kommen. Die Schritte in Richtung Ziel macht das Team. Das ermöglichen Sie, indem Sie all jene Aufgaben an die einzelnen Mitarbeiter im Team delegieren, die dafür geeignet sind. Sie binden so alle mit ein und geben Verantwortung ab. Sie dürfen sich als Führungskraft nicht in Details verzetteln, sondern müssen sowohl Ihre Mitarbeiter als auch den Prozess beobachten, um eventuelle Schwierigkeiten rechtzeitig zu erkennen und ihnen zuvorzukommen.

Lassen Sie nicht zu, dass das Team in den Modus „aufgescheuchter Hühnerhaufen" gerät, denn dann werden die anstehenden Aufgaben nicht erledigt und gleichzeitig die Motivation und das Teamgefüge untergraben. Beides würde dazu führen, dass Sie und Ihr Team scheitern.

7.2.4 Fachlich versiert – und gleichzeitig kreativ agieren

In Krisensituationen müssen Sie abwägen, welche fachliche Kompetenz für die Problemlösung nötig ist: Bei einem Zusammenbruch des IT-Systems brauchen Sie entsprechende IT-Spezialisten, um die richtigen Entscheidungen treffen zu können. Hat das Unternehmen durch einen Fehler einen großen Imageverlust erlitten, braucht es PR-Spezialisten und Kommunikationsprofis, um die geeigneten Maßnahmen auszuwählen.

Bei unserer Rettungsaktion am Cho Oyu war mir beispielsweise von meiner Ausbildung zum Bergführer noch die Methode der Biwaksackverschnürung präsent. Ich wusste auch, dass man den derart Verschnürten auf Schnee und Eis relativ gut bewegen kann. Diese Kenntnisse waren entscheidend für den Bergungserfolg. Hätte ich selbst nicht darüber verfügt, wäre ein anderer Spezialist (siehe Kapitel 5) im Team nötig gewesen, der den fachlichen Input geliefert hätte.

Gleichzeitig werden Sie in Krisensituationen das gewohnte Fahrwasser verlassen und neue Wege beschreiten müssen. Improvisation und kreative Lösungen sind gefragt. Am Cho Oyu habe ich unseren Verletzten unter Zweckentfremdung von Aufstrichdosen, Teebeuteln, Klopapier und Seidenhandschuhen zu Tale gebracht. Auch Sie müssen bereit sein, Mittel einzusetzen, die unter normalen Umständen wegen einer schlechten Kosten-Nutzen-Bilanz nicht infrage kämen oder für die Sie sich aus anderen Gründen nicht entscheiden würden.

7.2.5 Macht und Grenzen der Motivation

Wenn Sie schon jemals bei schlechtem Wetter einen hohen Berg bestiegen haben, wissen Sie um den Stellenwert von Motivation in solch einer Situation. Bei Regen und Wind auf einen Berg zu steigen, nur um anschließend wieder herunterzugehen – den notwendigen Antrieb für solch zweckloses Tun bringen nur Menschen auf, die von sich aus freiwillig auf einen Berg steigen wollen. In Unternehmen ist es ähnlich. Die Zeit der Sklaverei ist vorbei. Ihre Mitarbeiter haben sich entschieden, in Ihrem Unternehmen zu arbeiten und nicht in einem anderen. Sie können also auf den Aspekt der Freiwilligkeit bauen. Wenn Sie es als Leader schaffen, dass Ihre Mitarbeiter den Sinn ihrer Tätigkeit wahrnehmen, dann können Sie deren intrinsische Motivation wecken.

Um beim Beispiel unserer Bergrettung am Cho Oyu zu bleiben: Ich hatte eine intrinsische Motivation und ein klares inneres Bild, an dem ich selbst nicht zweifelte. Ich wusste, dass es für acht Teilnehmer aus dem Basislager möglich war, den Verletzten aus 6.500 Metern Höhe hinunterzutragen. Mit dem vorher nötigen Bergungsabschnitt zu viert aus 7.500 Metern Höhe das scheinbar Unmögliche zu schaffen, das war meine Aufgabe. Und dazu fühlte ich mich imstande. Ich wusste, dass ich über die technische Kompetenz, die körperliche Kraft und die geistige Einstellung dafür verfügte. Es gelang mir, diese Vision zu vermitteln und zu teilen. Mein Team war hoch motiviert. Das ist nicht immer so selbstverständlich. Denn gerade in Krisensituationen bedeutet es eine Gratwanderung, die Grenzen der Motivation richtig einzuschätzen. Es braucht ein feines Gespür, um nicht übers Ziel hinauszuschießen.

Die Kraft der Motivation kann Unglaubliches bewirken. Bei einem Führungsseminar beispielsweise war eine Teilnehmerin auf dem Zustieg zu einem Klettersteig ausgerutscht und klagte über Schmerzen im Handgelenk. Sie wollte dennoch unbedingt weitermachen. Als sie trotz Schmerzen und ohne Einsatz des verletzten Armes die erste Hängebrücke meisterte, wusste ich, dass sie mental stark war und die Tour mit entsprechender Hilfe schaffen würde. So war es dann auch. Die Freude im abendlichen Lager war entsprechend groß. Tags darauf stellte sich im Krankenhaus allerdings heraus, dass sie sich einen Handwurzelknochen gebrochen hatte. Der notwendige Gips am Arm hielt sie aber in keiner Weise davon ab, weiterhin aktiv am Seminar mitzumachen. Ich habe jedoch auch schon erlebt, dass Teammitglieder in Bergtouren oder Seminaren an ihre Grenzen stießen und diese nicht überwinden wollten oder konnten.

Als Führungskraft müssen Sie zuallererst auf Ihre eigene Vision vertrauen, sich Hindernissen und eigenen Ängsten stellen. Gleichzeitig müssen Sie die Fähigkeiten und die Motivation Ihrer Mitarbeiter stets im Auge behalten und sofort agieren, wenn Sie bemerken, dass es Motivationslöcher gibt.

■ 7.3 Wie führen Sie Ihr Team erfolgreich in Extremsituationen?

Nicht nur die Führungskraft, sondern auch das gesamte Team wird in Krisen auf die Probe gestellt. Jetzt ist es wesentlicher als je zuvor, dass Sie Ihr Team kennen und wissen, wie die Rollen darin besetzt sind: Wer hat die Beta-Position, der Sie gegebenenfalls in wichtigen Entscheidungen unterstützen kann? Wer ist „der Omega", der womöglich ausbricht und – willentlich oder nicht – gegen das Team arbeitet (siehe Kapitel 4)? Aber auch: Welche Veränderungen im Team und im Verhalten der Mitarbeiter sind unter der Wirkung der Krise vorstellbar?

7.3.1 Verschaffen Sie sich ein Bild vom Team – und seien Sie auf Veränderung gefasst

Wenn eine Krisensituation auftritt, muss Ihnen klar sein, wie es um Ihr Team steht:

- In welcher Phase der Teamentwicklung befinden Sie sich gerade (siehe Kapitel 4, Bild 4.1)?
- Welche Rollen sind in Ihrem Team besetzt (siehe Kapitel 4, Belbin) – und können Sie derzeit davon ausgehen, dass diese beibehalten werden, oder rechnen Sie hier mit Veränderungen?
- Welche Gruppenphänomene konnten Sie bisher beobachten – und wie wurden diese in vorherigen Krisen sichtbar (siehe Kapitel 4, Bild 4.3)?

Aus dieser Analyse der Teamsituation ergeben sich strategische Entscheidungen für Ihr Krisenmanagement. Wesentlich ist dabei, dass Sie in der gesamten Krisensituation alle Mitarbeiter im Auge behalten und die Situation aufmerksam analysieren, um rechtzeitig zu bemerken, ob die einzelnen Mitarbeiter ihre bisherigen Rollen beibehalten und ihr Verhalten sich wie erwartet entwickelt. Jede Krise hat ihre eigene Dynamik. Und diese Dynamik betrifft nicht nur die Entwicklung einer Situation, sondern vor allem die Entwicklung der Menschen in ihr. Das bedeutet, dass ein Mitarbeiter, den Sie bisher als belastbar und zuverlässig erlebt haben, jetzt vielleicht panisch reagiert. Ein anderer, der vorher eher unauffällig war, erweist sich als stärker und sicherer, als Sie ahnten.

Es ist nützlich, wenn Sie bereits Kommunikationsrituale pflegen, die Sie jetzt nutzen können, um in ständigem Kontakt miteinander zu bleiben, sodass Sie Veränderungen rasch erkennen und darauf reagieren können.

7.3.2 Fördern Sie den Zusammenhalt und sehen Sie jeden Einzelnen

Achten Sie darauf, dass Sie jeden im Team wahrnehmen und allen ausreichend Aufmerksamkeit schenken. Wenn einige Ihrer Mitarbeiter in der Stresssituation überfordert sind oder Angst bekommen, hilft es, diese durch Aufgaben einzubinden, die für den Erfolg des Teams in dem Moment nicht entscheidend, aber dennoch nötig sind. Das gibt diesen Mitarbeitern das Gefühl, mit dabei und beachtet zu sein. Unsichere Mitarbeiter zu ignorieren, würde dazu führen, dass sie das Team durch ihre Unsicherheit destabilisieren.

Selbst wenn Ihnen in Krisensituationen die Konzentration auf Lösungen wesentlich erscheint, bleibt es gerade jetzt wichtig, alle Mitarbeiter individuell wahrzunehmen, in die Verantwortung zu nehmen und streckenweise zu unterstützen.

Am Berg habe ich die Möglichkeit, Teilnehmer ein Stück weit durch Seilarbeit und Seilsicherung zu entlasten, wenn deren Kräfte schwinden. Ich ziehe sie im wahrsten Sinn des Wortes mit, weise aber auf die Einmaligkeit meiner Hilfe hin. Meine – auch auf Unternehmen übertragbare – Botschaft: Wenn du das nächste Mal wieder dabei sein willst, ist es wichtig, dass du besser für die Herausforderungen vorbereitet bist.

Gerade in Krisenzeiten profitieren Sie davon, wenn Sie bereits vorher Ihr Team gut kennen, eine funktionierende Kommunikation aufgebaut und in Ihren Mitarbeiter eine stabile Motivation geweckt haben. Denn alle Mitarbeiter im Auge zu behalten, muss nicht bedeuten, dass Sie permanent hinter jedem einzelnen herlaufen. Sondern dass Sie einschätzen können, wer wann Unterstützung benötigt und wie viel davon.

Als Coach, aber auch als Bergführer liegt mein Fokus darauf, andere dabei zu unterstützen, zu eigenen Lösungen zu kommen – ich leiste also „Hilfe zur Selbsthilfe". Dafür muss ich die Teilnehmer und deren Möglichkeiten kennen, um sie individuell an eine Aufgabe heranzuführen und gezielt zu fördern. Diese Herangehensweise an eine Herausforderung kann sehr unterschiedlich sein. Während manche Teilnehmer sich selbst perfekt managen und motivieren, sind andere rasch überfordert. Sie bekommen es mit der Angst zu tun, ihnen muss und kann ich das Gefühl der Sicherheit vermitteln und klarmachen, dass plötzliche große Ängste in der Regel meist irrational sind. Um diese Analyse gewährleisten zu können, beobachte ich die Teilnehmer aufmerksam: Ich sehe, wie es ihnen physisch und psychisch geht. Ob sie der Herausforderung und den Anstrengungen gewachsen sind. Ob jemand dabei ist, dem ich den Aufstieg verweigern sollte oder den ich notfalls in Begleitung eines Co-Guides auch absteigen lassen muss. Auch in der Extremsituation am Cho Oyu habe ich mir überlegt, wer welche Aufgabe übernehmen kann und soll. Über Siren, die norwegische Mitstreiterin, wusste ich, dass sie für die Aktion kräftig und ausdauernd genug war. Mit meinem Vater war ein sehr erfahrener Bergsteiger im Team. Hans, das vierte Teammitglied, bot von sich aus an, die wichtige Versorgungs- und Verpflegungsaufgabe zu übernehmen. Damit war das Team perfekt. Ich war dadurch überzeugt, dass die Rettungsaktion gelingen würde.

Ihr Ziel muss es sein, für jedes Teammitglied die passende Aufgabe zu finden. Wenn Ihnen das gelingt, hat das gleich mehrere positive Effekte: Jeder Einzelne fühlt sich gesehen und wertgeschätzt und ist daher motiviert. Sie entlasten sich selbst, um Zeit für übergreifende Arbeit und Entscheidungen zu haben, statt sich in dringenden Details zu verlieren. Mit der gesammelten Kraft und dem Wissen des Teams kommen Sie weiter als mit der Expertise einzelner Mitarbeiter. Und Ihr Team hat die Chance, sich in dieser Situation zu entwickeln.

7.3.3 Probleme im Team erkennen und lösen

Eine Krise ist eine Ausnahmesituation fürs Team, in der Masken und Fassaden fallen und die wahre Persönlichkeit der einzelnen Menschen zum Vorschein kommt. In solchen Fällen sind Sie wieder als Führungskraft gefragt, die bereit ist, alle relevanten Aspekte im Team zu beleuchten und zur Sprache zu bringen, um dann im nächsten Schritt wieder in Richtung Ziel zu steuern.

Falls Sie bemerken, dass einzelne Mitarbeiter in der Stresssituation nicht arbeitsfähig sind, haben Sie noch die Option, ein Krisenteam zu benennen, in dem Sie nur diejenigen Mitarbeiter versammeln, die sich mit der Lösung des Problems befassen und dazu in der Lage sind. Währenddessen können diejenigen, die damit definitiv überfordert sind, zum Beispiel den Alltagsbetrieb im Hintergrund aufrechterhalten.

Wenn ein Mitarbeiter die Situation eskaliert, weil er sich nicht ins Team einfügen kann oder will, ist es wichtig, dass Sie konsequent und mutig agieren. Etwas auszusitzen oder totzuschweigen wäre definitiv der falsche Weg. Kommunizieren Sie Regeln klar und setzen Sie diese konsequent durch. Das bedeutet, dass alle kommunizierten Konsequenzen tatsächlich stattfinden müssen. Kündigen Sie nichts an, was Sie nicht umsetzen können und wollen. Sie würden damit das Vertrauen und den Respekt all Ihrer Mitarbeiter verspielen.

Sprechen Sie kritische Themen offen und aktiv an, denn durch Verschweigen oder Ignorieren können Sie Gerüchte nicht verhindern. Und diese entstehen sicher! Die in der Gerüchteküche entworfenen Szenarien produzieren oft Angst und Unsicherheit. Nur durch gezielte Kommunikation können Sie die Auswirkungen auf das Team, die Motivation und den Zusammenhalt beeinflussen und entschärfen.

■ 7.4 Risikomanagement – Gefahren erkennen, Chancen nutzen

Eine Führungskraft, die immer wieder fahrlässig Krisen und Ausnahmesituationen zulässt oder diese sogar provoziert, ist meist eine Person, die sich in der Retterpose gefällt. Für ein Team oder ein Unternehmen ist das nicht sinnvoll: Wenn Sie den größten Teil Ihres Geschäfts in einer Situation abwickeln, in der der Ausnahmezustand Standard ist, ist das langfristig für ein Unternehmen und dessen Mitarbeiter verheerend. Es müssen zusätzliche Ressourcen eingesetzt werden, es müssen wichtige Aufgaben in den Hintergrund treten, und alle Beteiligten arbeiten permanent unter hohem Druck. In einer Dauerkrise kann man nicht strategisch an der Entwicklung des Unternehmens, des Teams oder neuer Ideen arbeiten. Die Folge ist, dass man hinter den Wettbewerbern zurückbleibt, da Kreativität und Innovation nicht möglich sind.

7.4.1 Gefahren und Risiken sinnvoll abwägen

Als Leiter von Bergexpeditionen gehört es zu meinen Aufgaben, mein Umfeld wie Wetter, Wolken, Fels und Schneebeschaffenheit im Auge zu behalten. Das war – unabhängig von der Rettungsaktion – auch bei der Expedition auf den Cho Oyu der Fall. Ich will und muss einsetzende Veränderungen möglichst früh wahrnehmen, um Zeit zu haben, alternative Szenarien zu prüfen und mich mit ihnen gedanklich auseinanderzusetzen. Denn der beste Krisenmanager ist der, der Krisen nicht entstehen lässt. Das gelingt, indem Sie als Führungskraft Risiken aufmerksam wahrnehmen, einschätzen und durch vorausschauendes Handeln die Wahrscheinlichkeit des Auftretens von Krisen minimieren.

Ein gutes Risikomanagement bedeutet, Risiken und deren Konsequenzen achtsam abzuwägen und sich ausreichend auf mögliche Störfälle vorzubereiten, Fragen Sie sich:

- **Wie wahrscheinlich** ist es, dass ein bestimmtes Risiko eintritt?
- **Wie existenziell** wären die Folgen?
- **Wie aufwendig** ist es, sich vor diesem Risiko zu schützen?

Wägen Sie dann ab, wo Sie in Risikoschutz investieren. Sichern Sie sich vor allem gegen die Risiken ab, die mit hoher Wahrscheinlichkeit eintreten und einen großen Schaden mit sich bringen können. Seien Sie mutig und risikofreudig, wenn die Konsequenzen eines Scheiterns gering sind. In diesem Fall steht das Wachstumspotenzial, das dadurch gegeben ist, im Vordergrund.

7.4.2 Wie Sie Krisen vorbeugen

Krisen entstehen meist in Veränderungsprozessen, sie sind ein Teil davon – ebenso wie Chancen. Das bedeutet, man kann sie nicht völlig vermeiden, es ist auch nicht sinnvoll, das um jeden Preis zu versuchen. Man kann sich jedoch auf Krisen vorbereiten:

- **Üben Sie den Ernstfall**: Sie können Krisenszenarien durchspielen oder praktisch trainieren. So wie es zu meiner Tätigkeit gehört, Rettungsübungen in den Bergen zu absolvieren, um für den Ernstfall gerüstet zu sein, finden auch in Unternehmen entsprechende Manöver statt, zum Beispiel Brandschutzübungen oder Tests für Ausfälle im IT-Betrieb.

- **Analysieren Sie vergangene Krisen**: Wenn Sie Krisensituationen im Nachhinein gut analysieren, können Sie viel dafür tun, um für die Zukunft (noch) besser gerüstet zu sein: Wodurch entstand die Krise? Welche sinnvollen und welche falschen Entscheidungen wurden in deren Verlauf getroffen? Was können Sie daraus für die Zukunft mitnehmen? Achten Sie dabei auch auf die Chancen, die dadurch sichtbar wurden.

- **Beschäftigen Sie sich mit Wahrscheinlichkeiten**: Die meisten Krisen hat es irgendwo schon einmal gegeben. Vielleicht nicht in Ihrem Team oder Ihrem Unternehmen. Aber anderswo bestimmt! Werfen Sie einen Blick über den Tellerrand und schauen Sie, wie andere Unternehmen oder Führungspersonen Krisen gelöst haben: Was können Sie daraus lernen? Wie können Sie sich gegen ähnliche Vorfälle absichern?

- **Analysieren Sie Erfolgsgeschichten**: Auch wenn etwas gut gelaufen ist, lohnt sich der genaue Blick auf die Situation. So wie wir unsere Rettung am Cho Oyu Revue passieren ließen, sollten Sie gut bewältigte Herausforderungen im Team besprechen und sich bewusst machen, warum Sie erfolgreich waren. Welche Erkenntnisse ergeben sich daraus für Ihre zukünftige Arbeit?

- **Suchen Sie den Blick von außen:** Laden Sie regelmäßig externe Personen ein, die Ihr Unternehmen oder Ihr Team von außen betrachten. Das können Berater bezüglich technischer, rechtlicher oder anderer fachlicher Themen sein, aber auch Personen, die das soziale Gefüge in Ihrem Team analysieren, Teamentwicklung durch Input von außen unterstützen und Ihr Team in Workshops fit machen.

7.4.3 Machen Sie Ihr Team krisenfest

Die Frage, ob und wie gut Ihr Team mit Krisen umgehen kann, sollten Sie sich nicht erst im Ernstfall stellen – auch hierbei ist es wichtig, vorausschauend zu arbeiten. Denken Sie regelmäßig darüber nach, ob Ihre Mitarbeiter Herausforderungen bewältigen können. Bleiben Sie in Kontakt mit jedem einzelnen: In kleineren Projekten und Teilabschnitten gibt es immer auch schwierige Phasen. Reflektieren Sie dann mit Ihren Mitarbeitern gemeinsam, was sie dabei gut bewältigt haben und wo es noch Entwicklungsbedarf gibt. Regen Sie alle auch dazu an, sich weiterzubilden und zu schulen, um krisenfest agieren zu können.

Eine funktionierende Kommunikations- und Feedbackkultur ist die beste Krisenvorsorge im Team: Wenn Sie bereits gemeinsam Prozesse und Rituale definiert haben und diese leben, werden dabei ständig Situationen analysiert und evaluiert. Dabei setzen Sie sich regelmäßig mit Fragen auseinander wie: „Wie werden wir noch besser/effektiver/sozial kompetenter in unserer Kommunikation etc.?" Das bringt Sie und Ihr Team permanent und zuverlässig voran.

■ 7.5 Survival-Tipps für Extremsituationen

- **Zeigen Sie Entschlossenheit und Stärke.** Eine Krise ist eine Herausforderung für jede Führungskraft. Ihr Verhalten wird sich im Team vervielfachen. Wenn Sie entschlossen und sicher wirken, überträgt sich das im Nu auf Ihr gesamtes Team. Treffen Sie Entscheidungen und setzen Sie diese mit Ihrem Team um.
- **Alles mit der Ruhe – in Balance bleiben.** Ob in der Entscheidungsfindung, in der Orientierung auf Ziele und Menschen oder beim Einschätzen von Risiken: Lassen Sie sich auch in Extremsituationen nicht hetzen, sondern denken Sie, bevor Sie entscheiden oder handeln. Sinnvoll abzuwägen und die Situation ganzheitlich zu erfassen, ist die wichtigste Voraussetzung für eine gute Entscheidung.
- **Behalten Sie den Überblick und delegieren Sie!** Ihr Job ist es, den Überblick zu behalten und aus dieser Position jedem Mitarbeiter in Ihrem Team die richtigen Aufgaben mitsamt der Verantwortung für diesen Teilbereich zu übertragen. Achten Sie auch darauf, dass jeder die nötige Unterstützung und gleichzeitig den passenden

Freiraum bekommt, um seine Aufgaben für die Krisenbewältigung optimal erledigen zu können.

- **Kommunizieren Sie rasch, präzise, wertschätzend und möglichst oft.** Kommunikation ist das A und O. Informieren Sie Ihr Team so rasch wie möglich über alle relevanten Inhalte. Kommunizieren Sie nötige Richtungswechsel rechtzeitig und offen. Dies erzeugt Sicherheit und Klarheit.

- **Analysieren Sie und feiern Sie Ihre Zwischenerfolge:** Machen Sie auch in Krisensituationen regelmäßige Zwischenstopps und entscheiden Sie, ob der eingeschlagene Weg und die geplante Strategie immer noch richtig sind – oder ob ein Umweg sinnvoller ist. Feiern Sie Ihre Zwischenerfolge, sie erzeugen die notwendige Motivation, um eine „Tour de Force" durchzuhalten.

- **Nutzen Sie Krisen, um vorwärtszukommen.** Eine Krise ist oft der erste Schritt zu einem fulminanten Wandel. Gehen Sie deshalb mutig in Krisen hinein und schärfen Sie immer wieder den konstruktiven Blick darauf, welche Möglichkeiten und Chancen die aktuelle Situation für Sie bereithalten könnte.

■ 7.6 Literatur

Hartmann, Hans Peter: entweder/oder! http://www.bergundsteigen.at/file.php/archiv/2002/2/19-23%20(entweder-oder).pdf, abgerufen am 28.03.2016.

8 Wetter, Wege, Herausforderungen – beständig ist nur der Wandel

Das Wetter kann ich nicht ändern, aber ich kann sehr wohl meine Ausrüstung und meine Einstellung dazu wählen. Beginnender Schneesturm am Huascarán in Peru (© Foto: Stefan Gatt).

Krisen entstehen meist in Veränderungsprozessen – und lösen selbst wieder Veränderungen aus. Um den Wandel erfolgreich zu meistern, müssen Sie aufmerksam und flexibel sein. Denn nach wie vor gilt: Survival of the fittest. Es überleben jene, die sich veränderten Bedingungen anpassen können. Damit sind nicht jene gemeint, die in einem opportunistischen Sinne nur die Fahne in den Wind halten (das mag kurzfristig „erfolgreich" sein, wird aber langfristig scheitern). Und auch nicht jene, die „stärker" als die anderen sind und glauben, dass das Leben nur aus Konkurrenz besteht. Sondern diejenigen, die erkennen, dass die Welt in einem unablässigen Wandel ist – und wir uns mitbewegen, ständig entwickeln und verändern müssen. Um hierbei erfolgreich zu sein, müssen Sie Veränderungsprozesse erkennen, sich an neue Rahmenbedingungen anpassen und die variablen Bereiche des Wandlungsprozesses so gut wie möglich nutzen können. In Kombination mit sozialer Intelligenz sind Sie bestens ausgerüstet, um auch in stürmischen Zeiten zu bestehen.

Change am Berg – eine immerwährende Herausforderung

Ob Wetterumsturz, unvorhergesehenes Hindernis am Weg oder ein Expeditionsteilnehmer, der sein Limit erreicht hat: Am Berg bin ich als Führungskraft immer wieder mit dem Thema „Change" konfrontiert. Die Rahmenbedingungen können sich binnen Minuten verändern, ebenso rasch muss ich auf die neuen Gegebenheiten reagieren, mich mit ihnen auseinandersetzen. Muss ändern, was zu ändern ist, und akzeptieren, was ich nicht ändern kann.

So wie jene Wetterlage bei einer Klettertour mit meinem Vater in Patagonien im Jahr 1991. Als wir damals Piedra del Fraile erreichen, herrscht warmes Sommerwetter. Der Vollmond glitzert silbern im Rio Electrico. Schon am nächsten Tag keuchen mein Vater und ich mit jeweils 30 Kilogramm auf dem Rücken zum Paso Cuadrado hinauf. Unser erstes Biwak endet im Schneetreiben, in der Früh geht der Schnee dann in Regen über. Klatschnass kehren wir ins Basislager zurück.

Wir warten auf Wetterbesserung, dann probieren wir einen neuerlichen Anstieg: Bis zu 60 Grad steile, spiegelglatte Gletscherschliffplatten erschweren den Zustieg. Mit unseren riesigen Rucksäcken fällt es uns schwer, auf den Platten die Balance zu halten. Wir montieren 25 Meter Fixseil an der schwierigsten Stelle, um auf Nummer sicher zu gehen. Nach einem Biwak am Wandfuß klettern wir acht Seillängen auf wunderbarem orangenem Granit. Wir schaffen es bis hinauf in die Wandhälfte. Danach erneut Sturm, Umkehr, Abseilen bis in die späte Nacht. Dann folgt der dritte Versuch.

Wieder eine kalte Biwaknacht, allerdings in Schlaf- und Biwaksack. In der Früh wieder die Überwindung, aus der warmen Schlafhülle in die kalte Morgenluft zu krabbeln. Dank unserer Routenkenntnis schaffen wir es in fünf Stunden, den Umkehrpunkt des Vortages zu erreichen. Es folgen sieben schöne, teilweise schwere Seillängen.

Wir sind knapp unter dem Gipfelgrat. Plötzlich ist der wunderbare Granit an dieser Stelle mit einer unsichtbaren, glasklaren Eisschicht überzogen. Ich fühle mich wie eine Fliege auf einer Glasscheibe, der die Saugnäpfe abhandengekommen sind, rutsche unkontrolliert über das Eis. Klettern wie auf gläsernen Platten.

An der Kante trifft mich der Sturm mit voller Wucht. Eiskristalle prasseln waagerecht in mein Gesicht, die Seile sind völlig vereist. Schreiend signalisiert mir mein Vater, dass der Gipfel nicht mehr weit ist. Ich sehe ihn schemenhaft im Dämmerlicht und dahinter den riesigen Fitz Roy mit dem Casarotto-Pfeiler. Die Dunkelheit holt uns ein, als wir den Gipfel erreichen, es gibt nicht einmal mehr genug Licht für ein Gipfelfoto.

Der Sturm bläst uns fast um. Auf allen Vieren kriechen wir am Grat zurück und seilen uns 20 Meter ab. In einer flachen Nische beginnen wir, einen behelfsmäßigen Biwakplatz für die Nacht zu basteln. Wir versuchen, mit Steinen eine kleine Mauer zu errichten, um wenigstens ein wenig vor dem Sturm geschützt zu sein. Drei Stunden basteln wir an unserem Windschutz. Erst nach Mitternacht setzen wir uns auf die kleinen Isomatten aus dem Rucksack und lehnen uns an die kalte, eisverkrustete Wand. Unser Mäuerchen erweist sich als nicht sehr nützlich. Der Sturm bläst durch die Ritzen und um die Ecke herum, peitscht uns Eiskristalle ins Gesicht. Wir verstecken unsere Füße im Rucksack, Seile und Schlingen dienen als Sitzunterlage. Ich biete meinem Vater zwei Müsliriegel zum Dinner an und witzle noch: „Den Champagner habe ich leider im Lager unten vergessen, aber heißen Tee gibt es an der Bar unten im Foyer." Dann beginnt das Warten auf das Ende der Nacht.

Die kleinen Fetzen der Aludecke wärmen kaum. Unsere Knie sind eiskalt, mein rechter Fuß will gar nicht mehr warm werden. Hin und wieder sehe ich einige Sterne zwischen den Wolkenfetzen – ein Hoffnungsschimmer keimt in mir auf. Laut Höhenmesser hätte es schön sein müssen, aber das Wetter in Patagonien hält sich nur selten an Vorhersagen und Höhenmesserangaben. Die Hände habe ich mittlerweile aus den Ärmeln herausgezogen und unter die Achselhöhlen gesteckt. Die steif gefrorenen Ärmel des Anoraks hängen wie leblose Arme an meinem Körper herab. Immer wieder höre ich ein Geräusch, das dem eines vorbeirauschenden Güterzugs ähnelt. Es entsteht immer dann, wenn der Sturm in Höchstgeschwindigkeit über die Felszacken saust. Der Schneefall wird wieder stärker. Wie ein weißes Tuch legt sich der weiche Flaum über uns. Ich denke an daheim, an meine Freundin, an Freunde, an mein Bett.

Alles um uns herum ist unterdessen weiß geworden. Immerhin deckt uns der Schnee mit einer wärmenden Schicht zu. Ich döse im Halbschlaf dahin. Irgendwann krabbeln wir wie eingeschneite Huskys aus dem Schnee. Ich fühle mich, als wäre ich mitsamt meiner Kleidung eiskalt duschen gegangen und dann in der Kühltruhe eingeschlafen.

Nach der Biwaknacht im Schneesturm unterhalb des Gipfels der Aguja Mermoz. In der Bildmitte ist hinter dem Seil unser Mäuerchen sichtbar, das uns durch den Bau eine Zeit lang warmgehalten hat (© Foto: Erich Gatt).

Wir bereiten die erste Abseilstelle vor. Ich trenne die vereisten, bocksteif gefrorenen Seile voneinander. Dann rutschen wir durch die mittlerweile völlig verschneite Rissverschneidung hinab. Abseilen kann man das nicht mehr nennen. Dann wird es spannend: Lässt sich das Seil abziehen? Wir haben Glück. Mit größter Hingabe ziehen wir vorsichtig unseren Lebensfaden zu uns herab. Danach bereiten wir die nächste Abseilstelle vor und werfen das Seil in die Tiefe. Sekundenlang schwebt es schwerelos in der Luft, wie von einer unsichtbaren Hand gehalten. Dann wird es von einer stärkeren Sturmbö erfasst und hoch über uns hinaufgeschleudert. Nach fünf weiteren, nervenaufreibenden Abseillängen reißt der Himmel plötzlich auf, und die ersten Sonnenstrahlen treffen uns. Wir saugen das bisschen Wärme förmlich auf. Das Wetter wird besser. Für diesmal haben wir den unerwarteten Wandel erfolgreich gemeistert.

■ 8.1 Die Macht der Veränderung

Ob durch das Wetter, die Grenzen der eigenen Kraftreserven, durch Unfälle oder andere unvorhergesehene Wendungen: Am Berg muss man ständig auf Veränderungen gefasst sein (so auch bei unserer Rettungsaktion am Cho Oyu, siehe Kapitel 7). Das ist in Unternehmen und in allen anderen Lebensbereichen ähnlich – denn Leben ist Veränderung: Wir werden vom Neugeborenen zum Jugendlichen, zum Erwachsenen, werden immer älter und entwickeln uns weiter. Jede unserer Beziehungen, alles um uns herum verändert sich, ob es uns gefällt oder nicht. Und kaum etwas macht uns mehr Angst als die Veränderung. Warum ist das so?

Jede Veränderung, jeder Wandel, den ich am Berg durchlebt habe, war von intensiven Gefühlen begleitet: Aufregung, Vorfreude, Hochgefühl, Neugier – aber manchmal auch Angst, Hilflosigkeit und Verzweiflung. Ich nehme diese Gefühle wahr, auch die unangenehmen wie die Angst. Ich überlasse ihr aber nicht die Kontrolle über meine Handlungen. Denn ich weiß, dass ich dann nichts erreichen würde und mein Handeln in bestimmten Fällen sogar fatal wäre: Wer sich von seiner Angst leiten lässt, hat schon verloren, denn er kann nicht mehr klar denken, analysieren, entscheiden und handeln. Beim Klettern nenne ich das den „Tunnelblick". Das Wahrnehmungsfeld ist eingeschränkt, man sieht nichts mehr links und rechts. Das kann am Berg tödlich enden. Auch im Unternehmen hat das katastrophale Folgen. Deshalb setzen Sie immer auf die positiven Gefühle, ohne die unangenehmen zu leugnen. Alle verleugneten Gefühle brechen sich irgendwann umso brachialer Bahn.

Ein Wandel stellt erst einmal das infrage, was bisher galt. Damit schwindet das Vertrauen darauf, dass man sich auskennt und weiß, wie der nächste Schritt getan werden muss. Man muss sich neu orientieren. Als wäre man in unbekanntem Terrain ausgesetzt worden, „irrt" man erst einmal unsicher umher. Das Gefühl des Vertrauens – auch als Kohärenz bekannt (Antonovsky 1997) – wird in Zeiten des Wandels erschüttert. Das geht mit starken Gefühlen der Unsicherheit und Angst einher (siehe Bild 8.1; Güttel 2014). Ihre Aufgabe als Führungskraft in einer solchen Situation ist es, die Ängste Ihrer Mitarbeiter wahrzunehmen und abzubauen, indem Sie Probleme und Risiken thematisieren, Unterstützung und kurzfristige Lösungen anbieten. Kommunizieren Sie offen und ehrlich, wenn Ihr Team vor Herausforderungen steht und deutliche Veränderungen nötig sind. Halten Sie den Kopf oben und zeigen Sie Wege und Lösungen auf. Mit einer Orientierung am Managerial Grid von McKee und Carlson (siehe Kapitel 3) kommunizieren Sie mit Ihrem Team in Veränderungssituationen nach den folgenden Grundsätzen (McKee/Carlson 2000):

- Thematisieren Sie Probleme und Ängste Ihrer Mitarbeiter.
- Schaffen Sie eine Basis für Veränderungen.
- Seien Sie Ihren Mitarbeitern ein Vorbild in Ihrem Umgang mit Veränderungen.

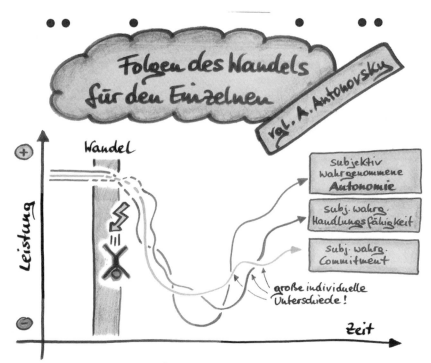

Das Gefühl der "Kohärenz" nimmt bei einer eintretenden Veränderung ab.

Kohärenz = ein dynamisches Gefühl des Vertrauens, dass die Stimuli, die sich im Laufe des Lebens ergeben
- versteh bar, strukturiert + erklärbar,
- gestaltbar + bewältigbar,
- sinnhaft (Engagement (ohnt sich) sind.

Mein Job als FK ist es, die Stimuli für meine MA so zu gestalten, dass MA sich möglichst oft & lange kohärent fühlen (können)!

Bild 8.1 Veränderung ist immer mit Unsicherheit verbunden. Deshalb entstehen Zweifel und Ängste, die wir wahrnehmen und mit denen wir umgehen müssen (Vgl. Güttel 2014 und Antonovsky 1997).

■ 8.2 Wie Sie den Wandel gezielt steuern

Es ist sinnvoll, nicht nur auf Veränderungsprozesse zu reagieren, sondern diese möglichst gut zu steuern. Wenn das gelingt, können Sie als Führungskraft die Irritation und den Leistungsabfall am Anfang des Veränderungsprozesses im Rahmen halten und eine positive Veränderung herbeiführen, statt eine Eskalation zu riskieren. Optimal ist es, wenn Sie Veränderungen im Unternehmen bewusst initiieren, systematisch entwickeln und begleiten. Dafür sollten Sie Ihr Team, das Unternehmen sowie das wirtschaftliche und gesellschaftliche Umfeld gut im Blick behalten.

8.2.1 Erkennen Sie, wodurch Veränderungen ausgelöst werden

Veränderungen sind oft an bestimmte Entwicklungen geknüpft. Manche sind gravierend, andere geschehen langsam und nahezu unbemerkt. Einige sieht man kommen, andere überraschen uns. Folgende Faktoren können Veränderungen auslösen:

Personelle Veränderungen im Unternehmen ziehen immer auch einen Wandel auf verschiedenen Ebenen nach sich: Wenn eine neue Führungskraft eine Abteilung oder das Unternehmen übernimmt, ist offensichtlich, dass es Veränderung geben wird.

Generationenwechsel in Familienunternehmen sind oft mit einem tief greifenden Wandel verbunden.

Technische Entwicklungen haben ebenfalls Auswirkungen auf alle Unternehmen, die in der jeweiligen Branche tätig sind. Für alle Produzenten von Kameras und Filmzubehör war beispielsweise der Wechsel von der analogen auf die digitale Fotografie mit einem gravierenden Wandel verbunden. Einige – auch renommierte Unternehmen wie Kodak und Agfa – verpassten diesen Wandel und kämpften lange darum, an ihre früheren Erfolgsgeschichten – die von Wandel und Innovationsfreude geprägt waren – anzuknüpfen (Chatzoudis 2016). Das gelang nicht. Der Grund dafür ist vermutlich, dass Entwicklungen, die mit dem Entstehen der digitalen Welt möglich wurden, in vielen Bereichen sehr schwer einzuschätzen sind. Der technische Fortschritt hat sein Tempo erhöht: Vieles, was heute möglich ist, war vor 20 Jahren undenkbar.

Das bedeutet, dass Sie als Führungskraft ständig über die Grenzen des Bekannten hinausdenken müssen. Akzeptieren Sie es nicht, wenn Sie sich selbst oder jemand anderen sagen hören: „Das haben wir schon immer so und nicht anders gemacht" oder: „Diese Veränderung ist nicht möglich." Denken Sie weiter: Vor 20 Jahren hätte auch kaum jemand daran geglaubt, dass man den Inhalt einer ganzen Bibliothek auf einem kleinen Gerät mit sich herumtragen kann. Die Entwicklung vom Buch zum E-Book hat das problemlos möglich gemacht.

Gesellschaftliche Veränderungen führen zwangsläufig zu Wandlungsprozessen in der Wirtschaft. Große Beispiele dafür sind Kriege oder Revolutionen, die Gesellschaftsordnungen aushebeln und damit womöglich sogar ein neues Wirtschaftssystem begründen. Doch auch ein allmählicher Wandel in Normen und Werten kann die Umgebung für

Unternehmen so stark verändern, dass diese sich grundlegend erneuern müssen. Ein Beispiel hierfür ist die Emanzipation der Frau, die dazu geführt hat, dass immer mehr Menschen in gleichberechtigten Beziehungen leben möchten und dazu passende Arbeitsplatzmodelle suchen. Moderne Unternehmen berücksichtigen das und schaffen es so, leistungsfähige und motivierte Mitarbeiter zu gewinnen.

8.2.2 Die Phasen der Veränderung

Kurt Lewin, ein Sozialpsychologe, entwickelte in den 1940ern das Drei-Phasen-Modell der Veränderung (Lewin 1958). Er definierte hierin folgende Phasen:

1. die Phase des Auftauens oder Freigebens (Unfreezing),

2. die Phase der Bewegung (Moving),

3. die Phase des Verfestigens (Freezing).

Das **Unfreezing**, also die Auftauphase, beginnt damit, dass die Notwendigkeit einer Veränderung langsam klar wird, weil Abläufe nicht mehr funktionieren. Allmählich wächst die Bereitschaft für einen Wandel. Das bisher Bestehende „taut auf".

Moving – nun kommt alles in Bewegung. Lösungen werden gesucht und ausgearbeitet, Neues wird ausprobiert – alles bewegt sich hin zu einem neuen Status quo.

In der Phase des **Freezing** werden neue Prozesse und Lösungen implementiert, stabilisiert und festgeschrieben.

Durch diese Beschreibung wird offensichtlich: Die nächste Phase des Auftauens wird unweigerlich eintreten. Denn auch dieses – jetzt – Neue muss sich nach einiger Zeit wieder verändern.

8.2.3 Die Stufen des Wandels

Gehen Sie systematisch an Änderungsprozesse heran. Nach John P. Kotter orientieren Sie sich dafür am besten an acht Stufen (siehe Bild 8.2):

- **Vermitteln Sie die Dringlichkeit von Veränderungen**: Warum soll sich etwas verändern – und was kann die Mitarbeiter in Ihrem Team dazu motivieren, mitzumachen?

- **Bilden Sie eine starke Gruppe, die Veränderung vorantreibt**: Suchen Sie sich von Anfang an zwei bis drei verbündete positive Energizer, die von der Notwendigkeit einer Veränderung überzeugt sind, und entwickeln Sie gemeinsam einen Plan, wie Sie weitere Mitstreiter gewinnen.

- **Entwickeln Sie Visionen und Strategien**: Dabei sind starke, leidenschaftliche Bilder und Visionen gefragt (siehe Kapitel 1). Wo werden Sie hingelangen, was werden Sie erreichen, was ist dann besser, anders ... wenn Sie die angestrebte Veränderung erfolgreich umgesetzt haben? Wie fühlt sich die neue Ordnung an?

8 Stufen für Change (vgl. Kotter)

1. Dringlichkeit vermitteln

2. Machtvolle Gruppe (alleine geht's nicht, neues Commitment, Kick-off, Autonomie ...)

3. Vision & Strategie entwickeln

4. Vision des Wandels in aller Breite Kommunizieren

5. Empowerment (Einstellungen & Strukturen)

6. Quick Wins (sichtbare Erfolge planen, herstellen und anerkennen)

7. Erfolge konsolidieren & weitere Veränderungen ableiten (nicht locker lassen)

8. Neue Ansätze in der Kultur verankern (Zusammenhang zwischen Erfolg(en) und neuem Verhalten herstellen & Kommunizieren)

Bild 8.2 In acht Schritten zur erfolgreichen Veränderung (Kotter 1997).

- **Kommunizieren Sie die Vision des Wandels**: Bleiben Sie hartnäckig und präsentieren Sie Ihre Vision immer wieder und vor möglichst vielen Menschen.
- **Sorgen Sie für Empowerment**: Delegieren Sie Verantwortung an Ihre „Change Agents", damit sie die Veränderung weitertreiben können. Sie brauchen starke Ver-

bündete, die etwas bewegen können und dürfen, um den Wandel im Unternehmen durchzuziehen.

- **Schaffen Sie Quick Wins**: Definieren Sie kleine Zwischenziele, die erfolgreich zu bewältigen sind. Feiern Sie diese Erfolge, sodass Ihre Mitarbeiter daraus immer wieder Motivation und Kraft für den nächsten Schritt schöpfen können.

- **Konsolidieren Sie Erfolge**: Verschriftlichen Sie erfolgreiche neue Regeln, Strukturen und Prozesse. Lassen Sie nicht locker und treiben Sie die Veränderung immer weiter voran. Achten Sie auch darauf, welchen weiteren Wandel Sie aus dieser Veränderung entwickeln können.

- **Verankern Sie neue Ansätze in der Unternehmenskultur**: Sorgen Sie dafür, dass die erreichte Veränderung beibehalten und aktiv gelebt wird. Kommunizieren Sie die Erfolge und Vorteile, die sich aus der Veränderung ergeben. Implementieren Sie Strukturen und Rituale (etwa in der Kommunikation und im sozialen Miteinander), die den neuen Zustand festigen.

Diese acht Stufen lassen sich den drei von Lewin definierten Phasen wie folgt zuordnen: Stufe eins bis vier laufen vor allem in der Unfreezing-Phase ab, die Stufen fünf bis sieben in der Move-Phase und die achte Stufe im Refreezing.

8.2.4 Goldene Regeln für Ihre Führungsarbeit in Zeiten des Wandels

Gelingende Kommunikation ist ein wichtiger Schlüssel in erfolgreichen Veränderungsprozessen. Nur gemeinsam können Sie es schaffen, deshalb steht und fällt alles mit Ihrer Verbindung zu anderen – zu Ihren Mitarbeitern ebenso wie zu anderen Führungskräften und Entscheidern im Unternehmen.

Je besser Sie die Mitarbeiter in Ihrem Team und alle anderen Betroffenen in Änderungen einbinden, je stärker Sie allen Beteiligten Mitspracherecht und Entscheidungsbeteiligung einräumen, umso stärker werden Commitment und Motivation bei allen sein. Denn das Gefühl, Abläufe und Prozesse aktiv beeinflussen zu können, gibt ein Stück weit Sicherheit: Man behält etwas in der Hand.

Einige Regeln, die in Veränderungsprozessen gelten sollten, hat Kurt Lewin in den 1940ern aufgezeigt (siehe Bild 8.3). Diese Regeln besagen Folgendes:

Partizipation auf allen Ebenen erhöht das Commitment: Teilen Sie Ziele und Erfolge miteinander und arbeiten Sie gemeinsam am „Projekt des Wandels".

Die Gruppe fungiert als Wandelmedium: Tun Sie sich zusammen, schenken Sie allen Teammitgliedern Aufmerksamkeit und nutzen Sie das Gruppenphänomen „Risikoschub" konstruktiv als Schwunggeber für den Wandel (siehe auch Kapitel 7).

Kooperationsfähigkeit stetig ausbauen: Kommunikation und Zusammenarbeit kann immer weiter ausgebaut werden. Bleiben Sie hartnäckig.

Achten Sie aufs Timing: In welcher Phase des Veränderungsprozesses befinden Sie sich gerade? Welche Maßnahmen sind angemessen und wirksam?

Die Schlüsselleute begeistern: Identifizieren Sie die Menschen, die den angestrebten Wandel erfolgreich mittragen können, und motivieren Sie diese, mitzumachen. Das sind meist die positiven Energizer im Team.

Bild 8.3 Beziehen Sie alle Mitstreiter aktiv ein und achten Sie darauf, dass die Kommunikation im Fluss bleibt (Lewin 1958).

■ 8.3 Erkennen Sie Ihre Chancen und Grenzen

Ich erlebe am Berg, dass der Change nicht nur mit dramatischen Wetterumstürzen zu tun hat, sondern auch damit, dass Menschen an ihr körperliches oder mentales Limit kommen. So wie der junge Brite Andy während eines Outdoor-Seminars. Bei dieser Challenge ging es in den Alpen richtig zur Sache: beschwerliche Anstiege, ein herausfordernder Klettersteig, Nächtigung in Selbstversorgerhütten. Das komplette Programm eben. Teil des Seminars war es, den Teilnehmern immer wieder verschiedene Führungsaufgaben zu übertragen. Andy wurde so zum Führer einer Seilschaft. Eine Zeit lang machte er seine Sache gut. Aber als das Gelände schwieriger wurde und die Herausforderung größer, wurde er zusehends unsicherer und ängstlicher.

Trotzdem wollte Andy die Führung nicht abgeben. Obwohl er längst erkannt hatte, dass der Kollege in der Seilschaft hinter ihm höhere Kompetenzen im Klettern hatte. Erst als es eine zwei Meter breite Felsspalte zu überspringen galt, entschloss sich Andy zum Change, zum Wechsel in die zweite Reihe. Sein Kollege übernahm die Wegfindung und die Führung der Seilschaft, und es gab keine weiteren Verzögerungen. Und Andy? Der folgte seinem Scout voller Vertrauen und konnte nun als Zweiter im Team seine Stärken besser ausspielen. Er konnte eine ängstliche Kollegin hinter sich beruhigen und ihr ein Vorbild sein.

Andy ist – obwohl er Kompetenz abgegeben hat – als Führungskraft an diesem Change-Szenario gewachsen. Ihm wurde klar, dass er nicht immer der Beste sein oder 110 Prozent Leistung bringen muss, sondern dass es weitaus nützlicher für die Gruppe ist, Aufgaben zu delegieren. Er hat sich dadurch weiterentwickelt und wird das nächste Mal mit solchen Situationen auf eine neue Art und Weise umgehen.

Andy hätte nach diesem Seminar seine Rolle als Führungskraft grundsätzlich überdenken können: Will ich wirklich führen? Oder bin ich mit meiner Aufgabe überfordert und steige eine Stufe zurück, begebe mich in die zweite Reihe?

Auch solche Entscheidungen sind zu akzeptieren und nicht zuletzt zu bewundern. Denn sie erfordern Mut und Ehrlichkeit. Dazu möchte ich auch Sie ermutigen: Wenn Sie spüren, dass Sie von Ihrer Führungsaufgabe umfassend überfordert sind oder im Grunde gar keine Führungskraft sein möchten, sollten Sie Ihre Grenzen – und gegebenenfalls auch Ihre Möglichkeiten in anderen Bereichen – wahrnehmen und die Konsequenzen ziehen.

Das Gleiche gilt, wenn Sie merken, dass Veränderungen permanent an Restriktionen scheitern, obwohl Sie davon überzeugt sind, dass sie notwendig wären. Machen Sie sich bewusst, was Sie von Ihrem Vorgesetzten für die Ausübung Ihrer Funktion brauchen und was für Sie nicht verhandelbar ist. Das könnte zum Beispiel sein:

■ klare Rahmenbedingungen und Grenzen mit dem notwendigen Maß an Freiheit für ein selbständiges Arbeiten,

■ kein direktes Durchgreifen auf Ihre Mitarbeiter,

- eine Vertretung nach oben zur Geschäftsführung,
- ehrliche Information,
- passende Arbeitsqualität (Work-Life-Balance),
- Feedback, Anerkennung und Wertschätzung.

■ 8.4 Survival-Tipps für einen erfolgreichen Wandel

- **Nutzen Sie die Kraft des „wind of change" für sich und Ihr Unternehmen.** Akzeptieren Sie diejenigen Fakten, die Sie nicht beeinflussen können, und setzen Sie die Segel so, dass Sie der Wind der Veränderung in die von Ihnen gewünschte Richtung bringt.
- **Finden Sie eine Balance zwischen Bekanntem und Neuem.** Was muss verändert werden? Was hat sich bewährt und darf beibehalten werden? Ziehen Sie keine „Veränderung um der Veränderung willen" durch.
- **Planen Sie Schritt für Schritt.** Lassen Sie allen Beteiligten die Zeit, sich mit der Veränderung auseinanderzusetzen und schließlich anzufreunden. Machen Sie allen immer wieder die Teilerfolge bewusst und die Vorteile, die aus dem Wandel entstehen.
- **Machen Sie den Wandel zu einem gemeinsamen Projekt.** Holen Sie andere ins Boot und bauen Sie ein gemeinsames Selbstverständnis auf: Sie alle wollen und werden miteinander etwas Neues schaffen.
- **Kommunizieren Sie bewusst.** Beziehen Sie jene Teammitglieder stärker ein, welche der geplanten Veränderung positiv gegenüberstehen und sie vorantreiben. Informieren Sie Ihre übrigen Mitarbeiter so rasch wie möglich über getroffene Entscheidungen und Folgen für sie und das Unternehmen. Entfachen Sie intrinsische Motivation in den Beteiligten durch eine kraftvolle Vision und überzeugende Ziele, die Sie kontinuierlich kommunizieren.
- **Übernehmen Sie Verantwortung und vertrauen Sie dem eingeschlagenen Weg.** Veränderung bedeutet immer Unsicherheit. Diese führt zu Zögern und Zaudern bei den Mitarbeitern. Vertrauen Sie in solchen Phasen auf den begonnenen Pfad der Veränderung und sich selbst. Nehmen Sie Herausforderungen an. Stellen Sie sich äußeren Hindernissen ebenso wie Ihren Ängsten – diese sind der Wegweiser zu den größten Schätzen.
- **Handeln Sie mutig und ausdauernd.** Veränderungen erfolgreich zu bewältigen, gehört zu den großen Herausforderungen einer guten Führungskraft. Wenn Sie spüren, dass Sie dabei noch Defizite haben, suchen Sie sich einen Mentor oder einen guten Coach, der Sie dabei unterstützt, sich weiterzuentwickeln.

■ 8.5 Literatur

Antonovsky, Aaron: *Salutogenese. Zur Entmystifizierung der Gesundheit.* dgvt-Verlag, Tübingen 1997.

Chatzoudis, Georgios: *Kodak und Agfa - Niedergang der Fotopioniere.* http://www.lisa.gerda-henkel-stiftung.de/kodak_und_agfa_niedergang_der_fotopioniere?nav_id=1967, abgerufen am 30.03.2016.

Güttel, Wolfgang H.; Link, Karin: „Führung in Veränderungsprozessen: Sinn, Motivation und Selbststeuerung". In: *Austrian Management Review* Vol. 4, 2014, S. 19–29 (nach: Katz, Robert L.: „Skills of an Effektive Administrator". In: Harvard Business Review September 1955/1974, S. 90–102). Der vorliegende Beitrag detailliert und erweitert Katz' Konzept auf Basis aktueller Forschungsergebnisse durch die Integration von Erkenntnissen der Motivationsforschung, des sozialen Konstruktivismus sowie zur situativen Führungstheorie.

Kotter, John: *Chaos, Wandel, Führung. Leading Change.* Econ Verlag, Düsseldorf 1997.

Lewin, Kurt: „Group decision and social change". In: Maccoby, E. E.; Newcomb, T. M.; Hartley, E. L. (Eds.): *Readings in Social Psychology.* Holt, Rinehart & Winston, New York 1958.

McKee, Rachel Kelly; Carlson, Bruce: *Mut zum Wandel. Das Grid-Führungsmodell.* Econ Verlag, München 2000.

9 Vorausschauend handeln, damit es auch übermorgen noch weitergeht

Markus Stockert kurz vor der Woge aus Eis unterhalb des Mont Maudit auf unserem Weg zum Montblanc (© Foto: Stefan Gatt).

Jeder Wandel in der Welt beeinflusst auch uns. Und wir Menschen verändern wiederum die Welt. Ob Natur oder Gesellschaft: Das, was wir heute tun, hat Konsequenzen für das Morgen oder das Übermorgen. Deshalb ist – ob in der Wirtschaft oder in anderen gesellschaftlichen Bereichen – bewusstes, achtsames Handeln unerlässlich. Bei jeder Entscheidung sollten wir uns fragen, ob der einzelne Mensch und wir als Menschheit mit den Konsequenzen leben können, auch mit den langfristigen. Jede Vision, jede Entscheidung ist nur sinnvoll und richtig, wenn die Folgen für das große Ganze langfristig betrachtet positiv sind.

Vieles, was Sie im folgenden Kapitel lesen werden, ist Ihnen wahrscheinlich bekannt. Mir ist es dennoch wichtig, diese Inhalte mit in mein Buch zu integrieren, weil das die Verantwortung deutlich macht, die wir Führungskräfte für unsere Mitarbeiter, Teams und die gesamte Gesellschaft haben.

 Fast Food Everest

Als ich im Mai 2001 das erste Mal vom Lager I in 7.050 Metern die vielen Menschen entdecke, die sich langsam in Richtung Lager II auf 7.600 Metern bewegen, bin ich entsetzt: 35 Bergsteiger quälen sich den langen Schneehang hinauf.

Die menschliche Perlenkette auf der Nordseite des Mount Everest (© Foto: Stefan Gatt).

Dieses Bild wirkt auf mich wie ein Almauftrieb. Je höher die Bergsteiger gelangen, desto mehr werden sie von Sherpas unterstützt und desto mehr künstlicher Sauerstoff wird genutzt. Vor allem Letzteres ist der Lebensnerv des kommerziellen Bergtourismus am Mount Everest. Mehr als 70 Prozent der Bergsteiger verwenden ab einer Höhenquote von 7.800 Metern Flaschensauerstoff, weitere 20 Prozent ab 8.200 Metern. Von den zehn Prozent aller Bergsteiger, die den Aufstieg ohne Sauerstoff versuchen, ist nur ein Viertel erfolgreich. Der Sauerstoff hat vereinfacht gesprochen zwei Wirkungen auf den Körper, die sich gegenseitig beeinflussen: Leistungssteigerung und Kälteschutz. Die Leistungsfähigkeit des Bergsteigers steigt nach der Zugabe von künstlichem Sauerstoff innerhalb von zehn Minuten auf ein Niveau, das derjenigen auf circa 1.500 Metern unter der tatsächlichen Höhe entspricht. Das bedeutet, auf 8.500 Metern fühlt man sich wie auf 7.000 Metern Höhe.

Dies wird unter anderem durch eine bessere Durchblutung verursacht, die die Kälte vor allem nachts erträglicher macht. Für viele Bergsteiger ist das wichtig, da sie aufgrund ihrer durchschnittlichen Ausdauerleistungsfähigkeit vier bis sechs Stunden während der Nacht gehen müssen, um genügend Zeit zu haben, auf den Gipfel und wieder ins Lager IV zu gelangen.

Eine Everest-Besteigung mit Sauerstoff bedeutet für die meisten, dass sie ab 7.800 Metern mit Maske gehen. Wenn sie zusätzlich einen Bergführer und zwei Sherpas als technische Helfer nutzen, reichen eine durchschnittliche Ausdauerfähigkeit und geringes technisches alpines Können aus, diesen Berg bei optimalen Wetterbedingungen zu bezwingen. Das steht in grobem Widerspruch zu meinem Ansatz, den Berg mit eigener Kraft, den eigenen Kompetenzen anzugehen und mit Demut zu begegnen.

Meine Skepsis diesen Hilfsmitteln gegenüber untermauern sich noch durch die Beobachtungen, die ich beim Aufstieg ab einer Höhe von 7.700 Metern mache: Immer wieder werden Personen über steile Passagen von Sherpas und Bergführern hinaufgezogen und hinaufgeschoben. Da sind Menschen unterwegs, die hier nichts verloren haben. Der Mount Everest ist nicht konsumierbar wie Fast Food. Das Drama von 1996 – bestens dokumentiert im Buch von Jon Krakauer (In eisige Höhen) und im 2015 erschienenen Film Everest – zeigt, welche Situationen entstehen können, wenn das Wetter umschlägt.

Die ökologische Beeinträchtigung des Gebietes ist, wie man sich denken kann, enorm. Die CTMA (China Tibet Mountaineering Association) hat es viele Jahre nicht geschafft, klare Richtlinien für Latrinen und Abfall zu definieren. Auch gibt es weder Kontrollen noch Strafen für Umweltsünder. Ich möchte nicht wissen, wie viel Müll schon in Gletscherspalten versenkt worden ist oder welche anderen, nicht wiedergutzumachenden Umweltsünden bereits begangen worden sind. Das ökologische Verständnis der

Sherpas ist wegen ihrer finanziellen Abhängigkeit vom Tourismus gering. Immer wieder werden Ausrüstungsteile, die zu schwer für den Abtransport sind, oder Müll einfach den Berg hinuntergeworfen oder dem Wind übergeben. Der „Abbau" der Zelte erfolgt meist mit einem schnellen Messerschnitt. Die Verankerungen des Zeltes auszugraben, ist zu viel Arbeit. Diese bleiben am Berg. Zelte, die durch Sturm zerstört worden sind, werden fast nie abtransportiert. Leere Sauerstoffflaschen, Gaskocher, Seile, Zelte, Brillen, Bierdosen und Plastik – der höchste Berg der Welt verkommt zur Müllkippe.

Besteiger des Mount Everest müssen daher seit einigen Jahren den Berg vom Müll befreien. Mindestens acht Kilogramm Abfall muss jeder Expeditionsteilnehmer beim Abstieg mitnehmen (o.V. 2014). Was die nepalesische Regierung Anfang 2014 per Gesetz verordnet hat, haben wir bei unserer Everest-Expedition im Jahr 2001 bereits vorgelebt. Mein Credo damals wie heute: Ich will nicht nur die Menschen auf einen Gipfel führen und sicher zurück ins Lager bringen. Sondern ich möchte auch unsere Spuren auf dem Berg so klein wie möglich halten – ganz nach dem Spruch: „Leave nothing but footprints, take nothing but pictures, kill nothing but time."

Wir hatten uns deshalb im Vorfeld der Expedition von einem steirischen Entsorgungsunternehmen 20 reißfeste Seesäcke zu je 180 Liter produzieren lassen, diese beim Abstieg vom Everest mit Müll gefüllt und in Tibets Hauptstadt Lhasa transportiert. Dass wir dort mit der Tatsache einer nicht vorhandenen Müllentsorgung konfrontiert wurden, ist eine andere Geschichte. Dieser Umstand zeigt einmal mehr, dass die Länder rund um den Mount Everest dem Ansturm der Bergsteiger nicht gewachsen waren und sind.

Wie lange werden wir die Berge des Himalaja noch so ursprünglich und sauber erblicken können, bevor sie unter unserem Müll verschwunden sind?

9.1 Ökologische Nachhaltigkeit – es gibt keinen Planeten B

Wir müssen mit unserer Umwelt und seinen Ressourcen achtsam umgehen, sonst werden wir – und zukünftige Generationen noch viel mehr – die Möglichkeit verlieren, auf der Erde gut leben zu können. Es gibt bereits viele Ansätze und Projekte im Kleinen, die umgesetzt wurden und werden. Was aber besondere Hoffnung gibt, ist das beginnende

Umdenken auf globaler Ebene. Das Ergebnis der Klimakonferenz in Paris im Dezember 2015 weist in eine neue Richtung.

Bei ökologischer Nachhaltigkeit geht es nicht um Einschränkungen, sondern um einen bewussten Umgang mit Ressourcen und um Lebensqualität, die auf ganzheitlichem, nachhaltigem Handeln und Wirtschaften basiert.

Wir brauchen ein neues Denken. Raus aus der Wegwerfmentalität hin zu einem Kreislaufdenken. Wie es uns die Natur vormacht: Das Laub, das der Baum im Frühjahr produziert, hilft dem Baum im Laufe des Jahres, sich zu versorgen, und wird im Herbst zum Nährstoff für die Organismen im Boden und in weiterer Folge wieder zum Dünger für den Baum.

Eine der größten Entwicklungschancen für Unternehmen in der Zukunft liegt in der Umwandlung der heutigen Wegwerfsysteme hin zu Kreislaufsystemen, bei denen Ressourcen nicht mehr verbraucht, sondern immer wieder neu verwendet werden können. Solche Unternehmen werden in Zukunft auch die Nase vorn haben, weil sich die Gesellschaft und deren Werte verändern. Immer mehr Menschen sind bereit, mehr Geld für ökologisch nachhaltige Lebensmittel und Produkte auszugeben, zum Beispiel Geld in die Reparatur eines Gerätes zu stecken, statt ein neues zu kaufen.

Viele Unternehmen haben die Modeworte „Nachhaltigkeit", „ökologisch", „fair" etc. in ihre Firmen-PR integriert. Durch die umfassenden Recherchemöglichkeiten via Internet haben die Verbraucher heute glücklicherweise die Chance, sich darüber zu informieren, ob dies nur Worthülsen sind oder wirklich gelebte Werte.

Österreichische Unternehmen wie Sonnentor, die Waldviertler Schuhfabrik, das Hotel Retter, M-Tech, Grüne Erde und Thoma-Holzbau sind Vorreiter eines neuen Trends in diese gesunde Richtung für unseren Planeten. In Deutschland sind es Unternehmen wie die Biobäcker Märkisches Landbrot oder Hofpfisterei, Hersteller von Naturkosmetik wie Weleda und Hauschka und viele andere Unternehmen. International sind dies beispielsweise Tesla, Vestas, die Schuhmarke Think!, Reed.

■ 9.2 Soziale Nachhaltigkeit

Diese Art der Nachhaltigkeit zeigt sich darin, wie Ihr Unternehmen mit den Menschen umgeht, die mit ihm in Verbindung sind, also mit Mitarbeitern, Kunden, Lieferanten und Geschäftspartnern. Welche Arbeitsbedingungen sind auf dem Papier definiert – und welche herrschen tatsächlich im Unternehmen? Welche Verträge werden geschlossen und welche Kommunikation wird im Alltagsgeschäft gepflegt? Wo und unter welchen Bedingungen wird produziert? Übernimmt das Unternehmen die Verantwortung für seine Mitarbeiter und deren Wohlergehen nur im Betrieb oder ist ihm die Verbindung zwischen beruflichen und privaten Themen bewusst (siehe auch Abschnitt 9.4.1, Yvon Chouinard).

Die soziale Nachhaltigkeit im Kleinen hängt eng zusammen mit jener im großen, globalen Rahmen. Unternehmen können nicht „zu Hause" fair sein, aber in globalen Produktionsabläufen beide Augen zudrücken, um den Gewinn rücksichtslos zu maximieren.

Dass ein „kleines" soziales Engagement immer in Verbindung mit dem großen Ganzen gesehen werden muss, zeigt sich angesichts der globalen Armut. Wir haben längst genug, um alle Menschen weltweit versorgen zu können. Das Problem liegt einzig und allein in der Verteilung: Im Armutsbericht von Oxfam wird jährlich dargestellt, wie gravierend die Unterschiede zwischen Arm und Reich weltweit sind: Derzeit besitzen die 62 (!) reichsten Menschen so viel wie die ärmere Hälfte der gesamten Weltbevölkerung (Byanyima 2016). Auch unter diesem Aspekt werden Fluchtbewegungen in der Welt plausibler: Durch wirtschaftliche Ausbeutung und Kriege, die ebenfalls aus einer Verteilungsungleichheit und wirtschaftlichen Machtbestrebungen entstehen, wird Armut geschaffen. Wenn so viele Menschen keine Möglichkeit haben, zu überleben, bleibt nur der lebensgefährliche Weg hin zu Orten, an denen man hofft, überleben zu können.

Unterm Strich bedeutet dies, dass wir alle – und im Speziellen wir als Unternehmer und Entscheider – ein globales Verständnis für Zusammenhänge entwickeln müssen, da wir alle nur miteinander existieren können. Diese neue Einstellung muss im Alltag gelebt werden. Sie als Führungskraft sind ein Teil dieses großen Ganzen: Es zählt, wie Sie Ihr Team führen.

■ 9.3 Ökonomische Nachhaltigkeit

Noch 1970 gingen Wirtschaftswissenschaftler wie Milton Friedman davon aus, dass es die einzige (soziale) Verantwortung der Wirtschaft sei, ihre Gewinne zu erhöhen (Friedman 1970). Das ist längst wiederlegt. Inzwischen erheben immer mehr Menschen den Anspruch, dass Unternehmen auch eine globale Verantwortung haben. Besonders Arbeitnehmer der jüngeren Generation formulieren heute deutlich ihren Wunsch und ihr Bedürfnis nach ausgewogener, sinnhafter Arbeitssituation, Wertschätzung und Arbeitsbedingungen (Schmidt 2016, S. 21). Dadurch wird es auch für Unternehmen immer wichtiger, Nachhaltigkeit nicht nur als PR-Parole vor sich her zu tragen, sondern tatsächlich zu leben. Das eröffnet Ihnen als Führungskraft große Möglichkeiten. Sie werden Mitstreiter und Unterstützer finden, die neue Ideen mittragen und Sie dabei unterstützen, Prozesse neu zu durchdenken und zu gestalten.

Immer mehr Menschen entwickeln heute Ideen und Systeme, mit denen nachhaltige Ideale in Wirtschaft, Politik und Gesellschaft umsetzbar werden können. Eine davon ist die Gemeinwohl-Ökonomie, der sich immer mehr Unternehmen anschließen. Ziel ist ein „gutes Leben für alle" – eine soziale Gerechtigkeit. Die Macher hinter der Gemeinwohl-Ökonomie haben sich zusammengeschlossen, um immer weitere Maßnahmen zu entwickeln, mit denen Humanität, Demokratie und Ökologie weltweit gefördert und umgesetzt werden können. Die Ideen hinter dieser Bewegung beziehen sich auf Ideale, die bereits unter Platon deklariert wurden: Glück für alle Bürger (o.V. 2013). Es sind auf keinen Fall nur „die Träumer" und ein paar weltfremde Hippies, die die Notwendigkeit dazu sehen. Viele Wirtschaftswissenschaftler und Experten aus Wirtschaft, Soziologie und Politik schließen sich solchen Bewegungen an oder entwickeln Theorien und Studien, die in dieselbe Richtung weisen. So ist beispielsweise Paul Krugman, Träger des Wirtschaftsnobelpreises, ein Befürworter freier Märkte, aber ein Kritiker wirtschaftlicher Entwicklungen, die in Freihandelsverträgen wie dem TTIP gipfeln, welches klare Nachteile für Demokratie und soziale Gerechtigkeit bringen wird (Krugman 2016).

◼ 9.4 Nachhaltig führen, denken, handeln – wie kann das funktionieren?

Wir Menschen in Europa haben viele Möglichkeiten, uns bewusst und ohne große Einschränkungen für Nachhaltigkeit und Umweltschutz zu entscheiden. Ob im Privatleben oder bei beruflichen Entscheidungen: Es gibt fast immer eine Option, es besser zu machen. Denken Sie darüber nach, bevor Sie Entscheidungen fällen: Welche Folgen werden diese Entscheidungen in den nächsten Monaten, Jahren und Jahrzehnten haben? Nicht nur für Sie und einige wenige Personen. Sondern für möglichst viele Menschen.

9.4.1 Unternehmen, die nachhaltig wirtschaften

Landläufig wird davon ausgegangen, dass man zwischen erfolgreichem Unternehmertum und nachhaltigem, ganzheitlichem Wirtschaften eine „Entweder-oder-Entscheidung" fällen muss. Dem ist nicht so. Zahlreiche Unternehmer sind wirtschaftlich erfolgreich und gleichzeitig Vorreiter einer ganzheitlichen Einstellung.

Yvon Chouinard zeigt dies beispielsweise mit seinem Unternehmen: Patagonia ist einer der größten Hersteller und Anbieter für Bergsteigerausrüstung. Chouinard entwickelte zahlreiche Produktideen aus seiner eigenen Praxis als leidenschaftlicher Bergsteiger und Kletterer. Und ebenso aus sich heraus entwickelte er seine Einstellung, die Mitarbeiter in ihren Wünschen und Bedürfnissen optimal zu unterstützen. Dafür bekommt er ein hohes Commitment und eine starke Motivation der Mitarbeiter zurück. Er gewährt seinen Angestellten beispielsweise, ihre Arbeitszeit frei einzuteilen. Ein Ausspruch von ihm lautet sinngemäß: „Wenn die Welle ideal ist fürs Surfen, dann sollen die Mitarbeiter die Wellen reiten und die Arbeit hinterher erledigen!" In den 1970er-Jahren bekamen viele seiner Mitarbeiter Kinder, also organisierte er einen Kindergarten neben dem Unternehmen, damit die Eltern entspannt ihre Arbeit erledigen konnten und wussten, dass ihre Kleinen optimal betreut waren.

Ein Prozent des gesamten Umsatzes stiftet der Firmenchef Umweltaktivisten für ihre Tätigkeit. Mehrere Hundert Firmen schlossen sich bereits seiner Initiative „1 Percent for the Planet" an (Chouinard 2006). Bei der Herstellung sämtlicher Produkte gelten faire Arbeitsbedingungen. Auf der Patagonia-Website (2016) liest man dazu: „Wir können Patagonia nicht als das Modell einer verantwortungsvollen Firma darstellen. Wir leisten nicht alles, was ein verantwortungsvolles Unternehmen tun kann. Aber wir können hier darüber berichten, wie wir unsere soziale und ökologische Verantwortung erkannt haben und anfingen, entsprechend zu handeln."

Sie fragen sich vielleicht, wie das möglich sein kann: Chouinard lässt seine Mitarbeiter surfen, wann immer sie Lust dazu haben. Wer erledigt dann die Arbeit?! Genau hier muss ein Umdenken einsetzen: Solange Menschen zur Arbeit gezwungen werden, werden sie versuchen, sich ihr zu entziehen. Sobald sie jedoch als Menschen wertgeschätzt werden, in ihrer Arbeit einen tiefen Sinn sehen und Freiräume zum Denken, Handeln und Entscheiden finden, entwickeln die allermeisten Menschen eine tiefe intrinsische Motivation, die nicht zuletzt die Produktivität entscheidend verändert. Hieraus entsteht ein wahrer Sog, der eine positive Spirale in Gang setzt: Wenn Ihr Team, Ihr Unternehmen, so funktioniert, werden immer mehr Menschen angezogen, die genau diese Art zu arbeiten schätzen.

Es gibt zahlreiche Beispiele für Unternehmen, die ebenso erfolgreich und gleichzeitig verantwortungsvoll arbeiten. Denn es geht nicht um einen Verzicht auf wirtschaftlichen Erfolg zugunsten anderer Ziele. Es ist alles eine Frage des Denkens, des Wollens – und der eigenen Werte.

9.4.2 Wie Sie Ihr Team nachhaltig führen

Wenn Sie die in diesem Buch genannten Strategien umsetzen, werden Sie sich diesem Ziel nähern:

- Umfassende, klare Visionen, die Sie mit Ihrem Team teilen (siehe Kapitel 1).
- Ein ganzheitlicher Führungsstil, der auf dem Positive Leadership beruht (siehe Kapitel 2).
- Individuelle und situationsbezogene Führung (siehe Kapitel 3).
- Das Berücksichtigen dieser Führungsgrundsätze beim Aufbau und in der Entwicklung Ihres Teams (siehe Kapitel 4 und 5).
- Wertschätzende Kommunikation im Team (siehe Kapitel 6).
- Der souveräne Umgang mit Krisen und Herausforderungen (siehe Kapitel 7).
- Das bewusste und nachhaltige Gestalten von Veränderungsprozessen (siehe Kapitel 8).

Innerhalb des Teams ist es wesentlich, dass Sie den Anspruch, den Sie an Teammitglieder und auch an sich selbst stellen, achtsam ausbalancieren. Jedes Teammitglied bringt individuelle Fähigkeiten, Eigenschaften und Ideen mit, jeder Mensch in Ihrem Team hat unterschiedliche Kapazitäten und Grenzen. Diese zu erkennen und Ihre Mitarbeiter entsprechend zu führen, ist wichtig.

Qualitätsmerkmale für Nachhaltigkeit in der Teamführung sind außerdem:

- Die Balance zwischen Über- und Unterforderung halten.
- Personelle Veränderung intelligent planen und umsetzen.
- Mit Mentoring das Gute vorleben.

Die Balance zwischen Über- und Unterforderung halten: Damit ist gemeint, dass Sie die Ansprüche, die Sie an Teammitglieder und auch an sich selbst stellen, achtsam austarieren. Jedes Teammitglied bringt individuelle Fähigkeiten, Eigenschaften und Ideen mit, jeder Mensch in Ihrem Team hat unterschiedliche Kapazitäten und Grenzen. Diese zu erkennen und Ihre Mitarbeiter entsprechend zu fordern und zu fördern, ist eine wesentliche Voraussetzung für Ihren Erfolg.

In jedem Unternehmen kann es notwendig werden, dass Mitarbeiter kurzfristig über Grenzen gehen und zum Beispiel Überstunden leisten müssen. Das sollte aber nie eine langfristige Strategie sein, da so auch der motivierteste Mitarbeiter ausgebrannt und frustriert wird. Insgesamt gesehen sollten die Anforderungen und die Fähigkeiten jedes einzelnen Mitarbeiters miteinander harmonieren. Anschaulich lässt sich das mit dem Flow-Modell nach Mihaly Csikszentmihalyi darstellen (siehe Bild 9.1): Er ging davon aus, dass wir besonders effektiv tätig sind, wenn wir im „Flow-Kanal" arbeiten können, der genau zwischen Langeweile (durch zu niedrige Anforderungen) und Überforderung (durch zu viel oder zu anspruchsvolle Aufgaben) entsteht. Wenn wir genau auf diesem Niveau tätig sind, vervielfachen sich positive Gefühle und Empfindungen derart, dass ein Zustand entsteht, in dem wir höchst leistungsfähig und konzentriert arbeiten – und dabei tiefes Glück und Zufriedenheit empfinden. Csikszentmihalyi nannte diesen Zustand Flow. Als gute Führungskraft gelingt es Ihnen, Ihren Mitarbeitern inhaltlich die zu ihnen passenden Aufgaben zu stellen. Damit sorgen Sie nachhaltig für hohe Motivation und Leistungsfähigkeit in Ihrem Team.

Personelle Veränderung intelligent planen und umsetzen: Hierzu gehört, dass Sie sich nicht von Kündigungen und neuen Vakanzen überraschen lassen, sondern die Situation im Blick behalten: Stehen personelle Wechsel im Team an, wird jemand gehen? Wenn ja, welche Konsequenzen hat das für das Team? Umverteilung der Aufgaben? Neueinstellungen? In diesem Fall ist eine sinnvolle und strukturierte Übergabe wichtig, da ansonsten viel Kompetenz verloren geht, der Abschied des einen Mitarbeiters eine unangenehme Stimmung im Team hinterlassen kann und der Neueinstieg für den kommenden Mitarbeiter unnötig erschwert wird.

Wichtig ist auch, dass Sie über einen eigenen Nachfolger rechtzeitig nachdenken. Vielleicht gelingt es Ihnen sogar, innerhalb des Unternehmens oder Ihres Teams einen geeigneten Nachfolger heranzubilden.

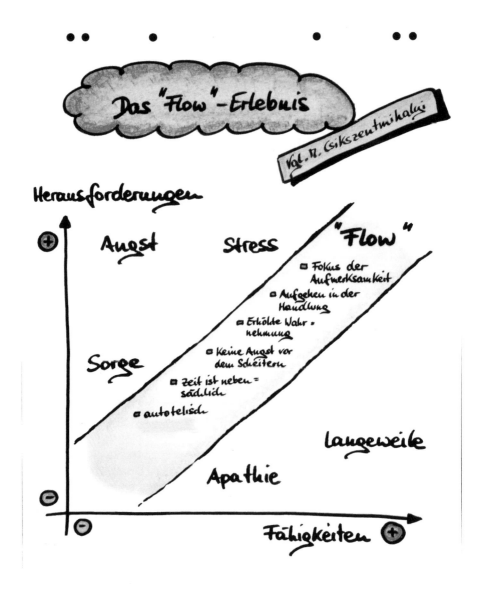

Bild 9.1 Stellen Sie angemessene Anforderungen, damit Ihre Mitarbeiter im Flow arbeiten und handeln können. In der Überforderung wird die Leistungsfähigkeit durch Angst und Stresssymptome gemindert, in der Unterforderung durch Langeweile ausgebremst (Csikszentmihalyi 1991, S. 75).

Mit Mentoring das Gute vorleben: Als Führungskraft können Sie Ihren Mitarbeitern in verschiedenen Bereichen Mentor sein, das bedeutet, dass Sie ihnen vorleben, wie Aufgaben souverän gelöst und Ziele erreicht werden. Auch Sie selbst sollten sich Vorbilder und im besten Fall Mentoren suchen. Das Idol meiner Kindheit und Jugend war mein Vater. Er war mein Leuchtturm, an dem ich mich orientieren konnte. In diese Richtung wollte ich gehen. Und mein Vater war sich dieser Rolle auch bewusst. Er hat mich gefördert und gefordert. Ich erinnere mich beispielsweise an eine Klettertour in der Martinswand. Ich war damals zwölf Jahre alt. Bis zur letzten Seillänge lief alles wie am Schnürchen. Mein Vater ist dann wieder vorgestiegen und verschwand aus meinem Gesichtsfeld. Obwohl er mich vorher informiert hatte, dass die nächste Seillänge eine sehr lange sein wird, bekam ich panische Angst, als ich den letzten Meter Sicherungsseil ausgegeben hatte und mein Vater außer Sicht- und Hörweite war. Ich wusste nicht, ob mein Vater schon am Standplatz gesichert war und ich nachklettern konnte. Ich hatte große Angst, zu stürzen und dabei meinen nicht entsprechend gesicherten Vater mit in die Tiefe zu reißen. Als mir wegen einer Unachtsamkeit dann auch noch eine Schlinge samt Karabiner in den Abgrund fiel, brach ich in Tränen aus. In mir löste sich die gesamte emotionelle Spannung. Heute weiß ich, dass ich damals keine Minute in Gefahr war. Mein Vater – beileibe nicht fürsorglich, aber sorgsam – hatte die Situation fest im Griff.

Mein Vater hat in meiner Jugend Führungsarbeit geleistet und Führungsqualität bewiesen. Sein Fördern und Fordern haben mein Selbstwertgefühl gestärkt, sodass ich Schritt für Schritt in eine Führungsrolle hineinwachsen konnte. Eine solche ließ er mich dann erstmals übernehmen, als ich ihn im Januar 1990 als 19-Jähriger nach Südamerika begleitete. Wir kletterten in Patagonien auf den Fitz Roy (3.406 Meter), einen der schwierigsten Gipfel der Welt. Mein Vater überließ mir bei den technisch anspruchsvollen Seillängen den Vorstieg, er übernahm jene Passagen, die neben Technik und Kraft auch Orientierung und langjährige Erfahrung voraussetzten. Diese Aufteilung hatten wir vor dem Einstieg in die Wand besprochen. Klarheit und Zuverlässigkeit – Qualitäten, die einen guten Mentor ausmachen.

9.4.3 Persönliche Nachhaltigkeit – wie Sie gut auf sich selbst achten

Last, but not least: Achten Sie auch auf Ihre eigenen Ressourcen und Reserven. Wenn Sie immer das Letzte geben, bis zur Erschöpfung arbeiten und sich keinen Ausgleich gönnen, handeln Sie nicht nachhaltig. Achten Sie darauf, dass Sie Ihren eigenen Energiehaushalt pflegen, die Balance halten und ein Zuviel oder Zuwenig – also Burn-out oder Bore-out – vermeiden. Ein wichtiges Stichwort hierzu ist Resilienz. Damit bezeichnet man die seelische oder psychische Widerstandskraft eines Menschen. Diese erhalten Sie sich, indem Sie stabile und fördernde Beziehungen in Ihrem sozialen Umfeld haben, einen positiven Blick auf das Leben und jede einzelne Situation behalten, sich selbst als aktiv empfinden – und nicht als Opfer der Umstände – und auch für sich selbst sorgen, körperlich, psychisch und seelisch (Kuss 2016). Am besten gelingt Ihnen das, indem Sie sich Freiräume schaffen und Ihre eigenen Grenzen respektieren (Bild 9.2):

Schalten Sie bewusst ab: Gönnen Sie sich Pausen vom Informationsstrom. Ständige Verfügbarkeit sollte nicht Ihr Ziel sein. Sie setzen als Führungskraft die Maßstäbe in Ihrem Team, Sie können und müssen das Bewusstsein dafür wecken, dass jeder Mensch auch Auszeiten braucht. Schalten Sie zu bestimmten Zeiten (abends, am Wochenende ...) Handy und Computer aus, kommunizieren Sie – vor allem am Anfang – konsequent, dass Sie zu bestimmten Zeiten nicht erreichbar sind. Viele meiner Kunden, die eine

24/7-Erreichbarkeit im Unternehmensleitbild verankert haben, nutzen zum Beispiel die Vereinbarung in ihren Teams, dass das Handy am Abend und am Wochenende weitergeleitet oder auch ausgeschaltet werden darf und soll. E-Mails werden in der Freizeit nicht gelesen. Eine SMS ist dagegen das Zeichen für höchste Priorität – und wird auch nur dann geschrieben, wenn es unvermeidbar ist, das Thema möglichst rasch mit der Person direkt zu klären, die angeschrieben wird.

Lernen Sie, sich zu entspannen: Das gelingt vielen Menschen am besten, indem sie eine Entspannungstechnik erlernen, mit der sie auch in Stresssituationen auf bekannte Taktiken zurückgreifen und so psychischen und physischen Stress abbauen können.

Sorgen Sie für Ausgleich: Bewegung, sportliche Hobbys, Aktivität – vor allem im Freien –, das sind die Tankstellen für Ihren Körper, wenn Sie als Führungskraft auf sehr hohem Niveau Leistung bringen möchten. Der Aufenthalt in der Natur hat zahlreiche positive Effekte auf uns (Arvay 2015).

Akzeptieren Sie sich selbst – mit Ihren Fähigkeiten, Vorlieben, Abneigungen und Grenzen. Achten Sie sich und fördern Sie sich selbst, indem Sie mögliche Fehler wahrnehmen, sich in den Bereichen entwickeln, in denen es nötig ist – ohne sich dafür zu schämen oder selbst zu verurteilen.

Nehmen Sie Ihre Bedürfnisse ernst: Dazu gehört, dass Sie Ihre eigenen Pläne und Ideen genauso ernst nehmen wie das, was im Unternehmen gerade relevant ist. Tragen Sie sich zum Beispiel Ihre privaten Termine in Ihren Kalender ein, reservieren Sie die Zeit und behandeln Sie Verabredungen, sportliche Aktivitäten oder Freizeitvergnügen mit derselben Priorität wie das Alltagsgeschäft im Unternehmen.

Halten Sie Kontakt zum Leben: Pflegen Sie Ihre Beziehungen. Sie sind nicht nur „Chef", sondern auch eine Person mit Bedürfnissen und Gefühlen – und es gibt in Ihrem Leben Menschen, die Ihnen wichtig sind. Achten Sie darauf, dass Ihre Beziehungen nicht zu kurz kommen, und nehmen Sie mögliche Signale dafür rechtzeitig wahr. Erfolg im Beruf kann eine glückliche Beziehung niemals aufwiegen!

Sagen Sie Nein: Machen Sie anderen deutlich, wozu Sie bereit sind – und wozu nicht. Das gelingt, indem Sie ruhig und bestimmt zeitliche, räumliche und emotionale Grenzen setzen, sich nicht hetzen oder unter Druck setzen lassen.

Seien Sie auch „mal weg": Sorgen Sie an den Wochenenden und im Urlaub dafür, dass Sie tatsächlich weg sind: Ein anderer Ort, fernab vom Gewohnten. Ausspannen bei den Tätigkeiten, die im Alltag zu kurz gekommen sind. Stellen Sie immer wieder einmal Abstand zum Alltag her, so können Sie anschließend umso effektiver wieder durchstarten.

Setzen Sie die richtigen Prioritäten: Fragen Sie sich immer wieder einmal, wie wesentlich ein Problem, eine Diskussion oder eine Auseinandersetzung tatsächlich ist. Wie wichtig wird das Thema in der nächsten Woche noch für Sie sein? In einem Jahr? Falls Sie merken, dass es gerade um etwas geht, was für Sie nicht nachhaltig relevant sein wird, verändern Sie Ihre Prioritäten entsprechend).

Arbeiten Sie an der Struktur: Bauen Sie Ihr Team zu einem gut funktionierenden System aus. Definieren Sie Zuständigkeiten klar, vertrauen Sie darauf, dass Ihre Mitarbeiter die ihnen anvertrauten Aufgaben übernehmen und erfüllen.

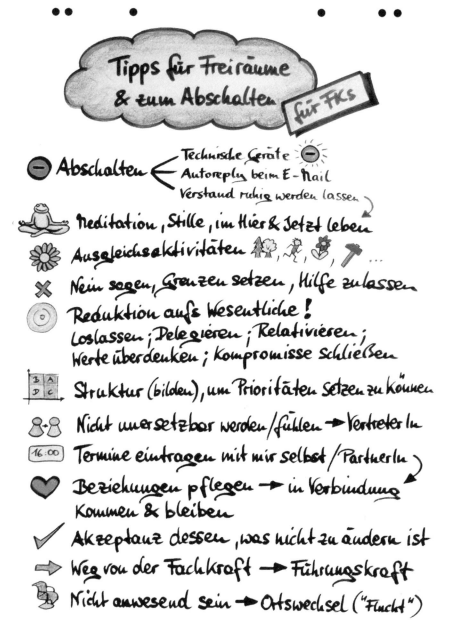

Bild 9.2 Achten Sie darauf, dass Sie sowohl bei sich selbst als auch bei Ihren Mitarbeitern für den richtigen Ausgleich sorgen. (Selbst-)Ausbeutung ist nicht sinnvoll und weder mit einem Positive Leadership noch mit dem Prinzip der Nachhaltigkeit zu vereinbaren.

Seien Sie ersetzbar: Viele Führungskräfte machen den Fehler, dass sie angstbestimmt handeln und Mitarbeitern Informationen vorenthalten oder bestimmte Bereiche nicht abgeben. Damit torpedieren sie sich selbst. Eine gute Führungskraft arbeitet sich nicht auf, sondern sorgt dafür, dass sie ihrem Team in wesentlichen Belangen zur Verfügung steht – und in den Bereichen, die delegierbar sind, Verantwortung abgibt. Bauen Sie sich einen optimalen Stellvertreter auf, der Ihre Aufgaben übernimmt, wenn Sie nicht vor Ort sind.

Führen – nicht nachputzen: Bleiben Sie in der Führung. Ihre Rolle ist so anspruchsvoll, dass Sie nicht „eben noch schnell" eine Fachkraft in Ihrem Team ersetzen können. Delegieren Sie das, was sinnvoll und möglich ist, betreiben Sie kein „Mikromanagement", indem Sie sich um Details kümmern, die einer Ihrer Mitarbeiter ebenso gut bearbeiten kann.

■ 9.5 Survival-Tipps für eine nachhaltige Führung

- **Denken und handeln Sie vorausschauend**. Nachhaltigkeit sollte bei allem, was Sie tun, eine Rolle spielen. Schon beim Entwurf Ihrer Vision. Bei jeder Entscheidung. Denn kurzfristiges Denken und Handeln wird keine tiefe Sinnhaftigkeit bei Menschen erzeugen. Nur das, was die Welt tatsächlich ein Stück weit verändert und bewegt, kann Menschen anspornen und langfristig motivieren.

- **Bleiben Sie auf dem Weg in Richtung Nachhaltigkeit**. Sie werden die Entscheidung für ökologische und soziale Aspekte oft verteidigen müssen. Bleiben Sie hierbei hartnäckig: Es wird nicht immer eine einfache oder ideale Lösung geben. Gewichten Sie Ihre Entscheidungen richtig.

- **Erweitern Sie Ihren Horizont**. Bleiben Sie dafür mit unterschiedlichsten Menschen in Kontakt und setzen Sie sich mit deren Ideen und Sichtweisen auseinander. Wenn Sie den größten Teil Ihrer Zeit mit anderen Führungskräften verbringen, die alle ähnlich ticken, werden Sie nach einiger Zeit mit Scheuklappen durchs Leben gehen, weil Sie beginnen, Ihre eigene Sichtweise für die einzig wahre zu halten. Der Tod jeglicher Entwicklung.

- **Halten Sie Ihr Gewissen rein**. Egal, wie hoch dotiert und attraktiv die angebotene Stelle ist. Stellen Sie sich die Frage, ob die Werte, die in Ihrem Unternehmen gelebt werden, Ihren moralischen Ansprüchen genügen. Wenn Sie Schwachstellen im Unternehmen sehen, fragen Sie: Gibt es die Möglichkeit, dort etwas zu verändern? Wenn Sie als Führungskraft Teil eines Unternehmens sind, tragen Sie die moralische Verantwortung dafür ein Stück weit mit.

- **Vergessen Sie nie: Sie können die Welt verändern**. Fangen Sie bei sich selbst an. Ganz im Sinne des Ausspruchs: Be the change you want to see in the world (nach Mahatma Gandhi).

■ 9.6 Literatur

Arvay, Clemens: *Der Biophilia-Effekt*. Edition a, Wien 2015.

Byanyima, Winnie: *Richest 1% will own more than all the rest by 2016*. https://www. oxfam.org/en/pressroom/pressreleases/2015-01-19/richest-1-will-own-more-all-rest-2016, abgerufen am 01.04.2016.

Chouinard, Yvon: *let my people go surfing. the education of a reluctant businessman*. Penguin Books, London 2006.

Csikszentmihalyi, Mihaly: *Das flow-Erlebnis. Jenseits von Angst und Langeweile im Tun aufgehen*. Klett-Cotta Verlag, Stuttgart 1991.

Friedman, Milton: „The Social Responsibility of Business Is to Increase Its Profits". In: *New York Times Magazine* vom 13.09.1970.

Krugman, Paul: *Suspicious Nonsense on Trade Agreements*. http://krugman.blogs.nytimes.com/2015/01/19/suspicious-nonsense-on-trade-agreements/?_r=0; abgerufen am 04.04.2016.

Kuss, Melanie: *Resilienz*. http://www.planet-wissen.de/gesellschaft/psychologie/glueck/pwieresilienzwasunsstarkmacht100.html, abgerufen am 11.04.2016.

O.V. (2013): *Geschichte der Gemeinwohl-Ökonomie*. https://www.ecogood.org/allgemeine-infos/idee/geschichte-der-gemeinwohl-oekonomie, abgerufen am 01.04.2016.

O.V. (2014): *Bergsteiger sollen Müll entsorgen*. http://www.sueddeutsche.de/panorama/umweltschutz-auf-dem-mount-everest-bergsteiger-sollen-muell-entsorgen-1.1903021, Süddeutsche Zeitung vom 03.03.2014.

patagonia (2016): http://www.patagonia.com/eu/deDE/environmentalism, abgerufen am 31.03.2016.

Schmidt, Sarah: „Die Vermittler-Generation". In: *Süddeutsche Zeitung* vom 03.03.2016, S. 21.

10 Noch ein paar Worte zum Schluss

Womöglich habe ich durch dieses Buch den Eindruck erweckt, als sei ich völlig abgeklärt und mit allen Wassern der Führungskompetenz gewaschen. Vielleicht glauben Sie jetzt, dass ich immer ganz bei mir bin, jede Entscheidung überlegt treffe und keinen Ärger kenne. Das trifft für viele Situationen zu. Aber manchmal gibt es auch bei mir Momente, in denen ich alles hinwerfen möchte, die Führung am liebsten abgeben würde oder anderen gerne befohlen hätte, genau das zu tun, was ich für richtig erachte ... Es gibt Situationen, über die ich im Nachhinein lachen kann oder den Kopf über mich selbst schüttle. Solche Ereignisse wird es immer wieder geben. Auch und gerade wenn man sich einbildet, vieles schon gesehen und erlebt zu haben:

Wenn ich achtsam und bewusst bin, überrascht mich jedes Seminar, jede Tour aufs Neue mit unbekannten Herausforderungen. Ebenso wird es Ihnen als Führungskraft gehen: Jeder Tag in Ihrem Leben wird Sie mehr oder weniger auf die Probe stellen.

Manches Mal wird es Ihnen vielleicht auch passieren, dass Sie Ihrem Erfolg nicht trauen, ihn nicht wirklich realisieren können. So wie es mir mit meinem Aufstieg auf den Mount Everest erging: Es dauerte damals Wochen, bis mein Erfolg gänzlich in mein Bewusstsein drang. Ich musste mir dazu immer wieder ins Gedächtnis holen: „Ich war oben. Ich habe es geschafft. Ich habe das nicht geträumt, es gibt Beweisfotos und Zeugenaussagen. Es ist kein Traum." Es war ein Traum, der jetzt Realität ist.

Doch gleichzeitig gibt es auch eine andere Realität: Drei Menschen, die zur gleichen Zeit mit mir am Everest unterwegs und am Gipfel waren, sind eineinhalb Jahre nach meiner Besteigung bereits tot. Anna, eine französische Bergsteigerin und Pilotin, die einen Tag nach mir am Gipfel war, stürzte im Juni 2001 mit ihrem Privatflugzeug ab. Philippe Perlia aus unserer Gruppe starb am 10. August 2001, als er eine Dreiergruppe über eine steile Eisflanke auf das Lauteraarhorn führte. Die „Sicherung" erfolgte am kurzen Seil. Einer der drei Teilnehmer machte einen Fehler und riss sich und die anderen in den Tod. Marco Siffredi, ein junger Snowboarder aus Chamonix, welcher einen Tag nach mir das Norton-Couloir mit künstlichem Sauerstoff fuhr, stürzte Mitte September 2002 im Holbein-Couloir als 175. Opfer am Everest in den Tod.

Ich habe mich viel mit dem Leben, dem Tod, Risiken, Wagnissen und Herausforderungen auseinandergesetzt. Einerseits ist mir deshalb bewusst, dass jedes eingegangene Risiko irgendwann in einem Unfall enden kann. Gerade bei extremen Aktionen mit hohem Risiko muss man immer im Kopf behalten, dass die Liste derer, die den Bogen trotz bester körperlicher und technischer Voraussetzungen überspannt haben, lange ist. Andererseits ist mir klar geworden, dass der Tod nicht planbar ist. Wir leben jetzt – und es kann jederzeit vorbei sein. Aus diesem Grunde ist mir wichtig, mir immer wieder in Erinnerung zu rufen, dass der heutige Tag vielleicht der letzte sein könnte. Das erleichtert viele Entscheidungen und macht den Blick frei für das Wesentliche im Leben.

Und das ist etwas, das ich auch Ihnen zum Abschluss mitgeben möchte. Ich wünsche Ihnen

- den Blick für das Wesentliche,
- den Mut und die Weisheit, die richtigen Entscheidungen zu treffen,
- sowie das Durchhaltevermögen, auch bei Widrigkeiten auf Kurs zu bleiben,

sodass Sie und Ihr Team immer wieder gut an Ihrem Ziel ankommen und Ihre Herausforderungen sicher bewältigen können.

Denn, wie es am Berg heißt: Oben warst du erst, wenn du wieder unten bist.

Unsere gemeinsame Tour ist hier vollendet: Ich schätze es, dass Sie mit mir diesen virtuellen Auf- und Abstieg gewagt haben, dass wir die Herausforderungen am Berg und im Unternehmen „gemeinsam" analysiert und „miteinander" überlegt haben, wie sie zu bewältigen sind.

Ich wünsche Ihnen viel Freude mit dem, was Sie von unserer gemeinsamen Tour durch dieses Buch mitgenommen haben, sowie Kraft, Mut und Energie für alle Herausforderungen, die noch auf Sie als Führungskraft warten.

Das Führungsteam eines österreichischen Unternehmens am Gipfel des Großglockners, dem höchsten Berg von Österreich (© Foto: Stefan Gatt).

11 Literatur

Literaturempfehlungen zu den Grundsätzen und Elementen des Positive Leadership

Cameron, Kim: *Positive Leadership*. BK-Publishers, San Francisco CA, 2012.

Cameron, Kim: *Practicing positive Leadership. Tools and techniques that create extraordinary results*. BK-Publishers, San Francisco CA, 2013.

McKee, Rachel Kelly; Carlson, Bruce: *Mut zum Wandel. Das Grid-Führungsmodell*. Econ Verlag, München 2000.

Seliger, Ruth: *Positive Leadership. Die Revolution in der Führung*. Schäffer-Poeschel Verlag, Stuttgart 2014.

Tomoff, Michael: *Positive Psychologie in Unternehmen. Für Führungskräfte*. Springer Fachmedien, Wiesbaden 2015.

Persönliche Entwicklung allgemein und als Führungskraft

Schein, Edgar: *Karriereanker. Die verborgenen Muster in Ihrer beruflichen Entwicklung*. Verlag Wolfgang Looss, Darmstadt 1998.

Literaturempfehlungen zu Teambuilding und Teamentwicklung

Kreher, Antje: *Wie funktioniert eine Gruppe? Gruppenmodelle nach Tuckman und Cohn*. Grin Verlag, München 2011.

Raoul Schindler in: König, Oliver; Schattenhofer, Karl: *Einführung in die Gruppendynamik*. Carl-Auer Verlag, Heidelberg 2014.

Titscher, Stefan; Stamm, Markus: *Erfolgreiche Teams*. Linde Verlag, Wien 2006.

Literaturempfehlungen zu den Themen positive Kommunikation und Beziehungen

Gatt-Iro, Elisabeth; Gatt Stefan: *Unverschämt glücklich. Wie ich und unsere Liebe in der Beziehung erblühen*. Goldeggverlag, Wien 2015.

Hendrix, Harville: *So viel Liebe wie Du brauchst*. Renate Götz Verlag, Dörfles 2009.

Schulz von Thun, Friedemann: *Miteinander reden: Störungen und Klärungen. Psychologie der zwischenmenschlichen Kommunikation.* Rowohlt Verlag, Reinbek 1981.

Watzlawick, Paul; Beavin, Janet H.; Jackson, Don D.: *Menschliche Kommunikation. Formen, Störungen, Paradoxien.* Verlag Hans Huber, Bern 2000.

Weitere Ideen und Anregungen, wie Sie Positive Leadership in Unternehmen umsetzen

Chouinard, Yvon: *let my people go surfing. the education of a reluctant businessman.* Penguin Books, London 2006.

Fredrickson, Barbara: *Die Macht der guten Gefühle. Wie eine positive Haltung Ihr Leben dauerhaft verändert.* Campus Verlag, Frankfurt am Main 2011.

Grant, Adam: *Geben und Nehmen. Erfolgreich sein zum Vorteil aller.* Droemer Verlag, München 2013.

Purps-Pardigol, Sebastian: *Führen mit Hirn. Mitarbeiter begeistern und Unternehmenserfolg steigern.* Campus Verlag, Frankfurt am Main 2015.

Seligman, Martin: Flourish. *Wie Menschen aufblühen. Die Positive Psychologie des gelingenden Lebens.* Kösel-Verlag, München 2012.

Wellensiek, Sylvia Kéré: *Resilienz-Training für Führende. So stärken Sie Ihre Widerstandskraft und die Ihrer Mitarbeiter.* Verlagsgruppe Beltz, Weinheim 2012.

Literatur zum Verständnis, wie unser Gehirn arbeitet und unser Denken sowie unsere Motivation beeinflusst

Bauer, Joachim: *Prinzip Menschlichkeit. Warum wir von Natur aus kooperieren.* Heyne Verlag, München 2008.

Csikszentmihalyi, Mihaly: *Das flow-Erlebnis. Jenseits von Angst und Langeweile im Tun aufgehen.* Klett-Cotta Verlag, Stuttgart 1991.

Hanson, Rick: *Denken wie ein Buddha. Gelassenheit und innere Stärke durch Achtsamkeit.* Irisiana Verlag, München 2013.

Hüther, Gerald: *Was wir sind und was wir sein könnten. Ein neurobiologischer Mutmacher.* S. Fischer Verlag, Berlin 2012.

Siegel, Daniel: *Das achtsame Gehirn.* Arbor Verlag, Freiburg im Breisgau 2007.

Spitzer, Manfred: *Lernen. Gehirnforschung und die Schule des Lebens.* Spektrum Verlag, Heidelberg 2007.

Sonstige relevante Literatur, auf die ich in diesem Buch verwiesen habe

Antonovsky, Aaron: *Salutogenese. Zur Entmystifizierung der Gesundheit.* dgvt-Verlag, Tübingen 1997.

Arvay, Clemens: *Der Biophilia-Effekt.* Edition a, Wien 2015.

Asch, Solomon: *Social Psychology.* Oxford Science Publishing, Oxford 1955.

Blanchard, Kenneth: *The One Minute Manager.* William Morrow, New York 2003.

Harvey, Jerry: *The Abilene Paradox*. Jossey-Bass Publishing, New York 1988.

Hersey, Paul: *The Situational Leader*. Warner Books, New York 1985.

Janis, Irving: *Groupthink*. Wadsworth Publishing, Covingto 1982.

Kotter, John: *Chaos, Wandel, Führung. Leading Change*. Econ Verlag, Düsseldorf 1997.

12 Index

13 Der Autor

Mag. Dr. Stefan Gatt begleitet seit über 20 Jahren als Coach und Trainer Führungskräfte aus der Wirtschaft in der Team- und Persönlichkeitsentwicklung.

 Die Basis seiner Arbeit liegt in seinem Studium der Sportwissenschaften und des Sportmanagements, seiner Coaching- und Organisationsentwicklungs-Ausbildung, seinen kontinuierlichen Fortbildungen und in bereits mehr als 1.000 Seminartagen. Er entwickelte hierbei eine zuverlässige Kombination aus erlebnisorientierten Lernmethoden, verständlich aufbereiteter Theorie und bewährten Transferschritten für die Umsetzung theoretischer Erkenntnisse in den Berufsalltag. Sein besonderer Fokus auf die neuesten Forschungserkenntnisse der Positiven Psychologie und Neurobiologie und seine prozess-, erlebnis- und lösungsorientierte Leitung wurden dabei zu seinem Markenzeichen.

Bereits mit 19 Jahren begann er als Bergführer zu arbeiten und leitete Expeditionsteams auf die höchsten Gipfel in Südamerika und im Himalaja – Teamentwicklung unter extremen Bedingungen. Dabei galt sein besonderes Interesse schon immer dem Bereich der Führung von Individuen und Teams im Einklang mit den Systemumwelten.

Mit einem Team von Freiberuflern stellt er bei Alpinseminaren und Expeditionen seine eigene Führungskompetenz immer wieder auf die Probe.

Heute unterstützt er in zahlreichen Vorträgen und Seminaren Führungskräfte dabei, die Herausforderungen ihres beruflichen Alltags erfolgreich zu meistern. Bei seinen Vorträgen nutzt er seine mehrfach ausgezeichneten Fotos und seine persönlichen Grenzerfahrungen auf den höchsten und schwierigsten Bergen der Welt, um sie mit der aktuellen Führungstheorie zu verflechten.

Wie man die Herausforderungen in Liebesbeziehungen meistert, beschreibt er zusammen mit seiner Frau im 2015 erschienenen Buch *"Unverschämt glücklich. Wie ich und unsere Liebe in der Beziehung erblühen."*

Kontakt: office@gatt-ce.at, *www.gatt-ce.at*

Das neue Management-verständnis

Pautsch
Lean für Manager
194 Seiten
€ 39,99. ISBN 978-3-446-44559-8

Auch als E-Book erhältlich
€ 31,99. E-Book-ISBN 978-3-446-44656-4

Mit Lean Management können sämtliche wertschöpfenden Tätigkeiten optimal aufeinander abgestimmt, Verschwendung vermieden und gleichzeitig hohe Kundenanforderungen mit höchsten Qualitätsansprüchen erfüllt werden! Doch Lean ist mehr als nur der Einsatz bestimmter Methoden. Nötig ist ein Kulturwandel, einhergehend mit einem neuen Verständnis von Management. Gefragt ist der Coach und Mentor, der seine Mitarbeiter in der selbständigen Lösung von Problemen unterstützt, trainiert und eine aktive Rolle in der ständigen Verbesserung der Prozesse einnimmt.

Dieses Werk stellt dar, warum und wie der Einsatz von Lean Management einem Unternehmen und auch seinen Managern großen Nutzen bringt und was Lean konkret für das Management bedeutet – sowohl im direkten Handeln als auch im Hinblick auf die Unternehmenskultur.

Alles zum Thema
Digitale Geschäftsmodelle

Hoffmeister
Digital Business Modelling
Digitale Geschäftsmodelle entwickeln
und strategisch verankern
392 Seiten
€ 34,99. ISBN 978-3-446-44558-1

Auch als E-Book erhältlich
€ 27,99. E-Book-ISBN 978-3-446-44613-7

Die Veränderungen durch die Digitalisierung sind fundamental, disruptiv und revolutionär. Für Unternehmen bieten sich hier enorme Risiken, aber auch enorme Chancen. Die zentrale Frage lautet: Wie kann in einer digitalen und immateriellen Netzwerk-Ökonomie Wert geschaffen werden?

Dieses Werk vermittelt das relevante Basiswissen rund um digitale Geschäftsmodelle und stellt das Tool »Digital Value Creation Framework« (DVC-Framework) vor. Mithilfe des DVC-Frameworks können neue und werthaltige Transformationsansätze entwickelt und realisiert werden. Aber auch vorhandene Geschäfts- beziehungsweise Organisationsmodelle können auf Werthaltigkeit hin überprüft und weiterentwickelt werden.

Der Leser erhält eine konkrete Vorgehensweise, wie das Tool zielsicher im eigenen Unternehmen und bei der Suche nach neuen Modell-Designs eingesetzt werden kann. Zahlreiche Beispiele veranschaulichen das Werk und erleichtern den Praxistransfer.